以厚積薄發四字篆印一方
贈高等教育出版社

厚積薄發

李嵐清
二〇〇七年初秋

生也有涯

学無止境

任继愈

教育部哲學社會科學研究後期資助項目

簡帛《五行》研究

劉信芳　著

JIANBO WUXING YANJIU

高等教育出版社·北京

圖書在版編目（CIP）數據

簡帛《五行》研究 / 劉信芳著. -- 北京 : 高等教育出版社, 2016.6
ISBN 978-7-04-044219-9

Ⅰ. ①簡… Ⅱ. ①劉… Ⅲ. ①五行 - 研究Ⅳ. ①B2

中國版本圖書館CIP數據核字(2015)第273012號

策劃編輯 梁寶貴　責任編輯 梁寶貴　封面設計 王 雎
責任校對 殷 然　責任印製 朱學忠

出版發行 高等教育出版社
社　址 北京市西城區德外大街4號
郵政編碼 100120
印　刷 北京信彩瑞禾印刷廠
開　本 880mm × 1230mm 1/32
印　張 10.75
字　數 140千字
插　頁 2
購書熱線 010-58581118

諮詢電話 400-810-0598
網　址 http://www.hep.edu.cn
http://www.hep.com.cn
網上訂購 http://www.landraco.com
http://www.landraco.com.cn
版　次 2016年6月第1版
印　次 2016年6月第1次印刷
定　價 58.00 元

物 料 號 44219-00

總　序

哲學社會科學是探索人類社會和精神世界奥秘、揭示其發展規律的科學，是我們認識世界、改造世界的有力武器。哲學社會科學的發展水平，體現著一個國家和民族的思維能力、精神狀態和文明素質，其研究能力和科研成果是綜合國力的重要組成部分。沒有繁榮發展的哲學社會科學，就沒有文化的影響力和凝聚力，就沒有真正強大的國家。

黨中央高度重視哲學社會科學事業。改革開放以來，特別是黨的十六大以來，黨中央就繁榮發展哲學社會科學作出了一系列重大決策，黨的十七大報告明確提出："繁榮發展哲學社會科學，推進學科體系、學術觀點、科研方法創新，鼓勵哲學社會科學界爲黨和人民事業發揮思想庫作用，推動我國哲學社會科學優秀成果和優秀人才走向世界。”黨中央在新時期對繁榮發展哲學社會科學提出的新任務、新要求，爲哲學社會科學的進一步繁榮發展指明了方向，開闢了廣闊前景。在全面建設小康社會的關鍵時期，進一步繁榮發展哲學社會科學，大力提高哲學社會科學研究品質，努力構建以馬克思主義爲指導，具有中國特色、中國風格、中國氣派的哲學社會科學，推動社會主義文化大發展大繁榮，具有十分重大的意義。

高等學校哲學社會科學人才密集，力量雄厚，學科齊全，是我國哲學社會科學事業的主力軍。長期以來，廣大高校哲學社會科學工作者獻身科學，甘於寂寞，刻苦鑽研，無私奉獻，開拓創新，爲推進馬克思主義中國化，爲服務黨和政府的決策，爲弘揚優秀傳統文化、培育民族精神，爲培養社會主義合格建設者和可靠接班人作出了重要貢獻。本世紀頭20年，是我國經濟社會發展的重要戰略機遇期，高校哲學社會科學面臨著難得的發展機遇。我們要以高度的責任感和使命感、強烈的憂患意識和寬廣的世界眼光，深入學習貫徹黨的十七大精神，始終堅持馬克思主義在哲學社會科學的指導地位，認清形勢，明確任務，振奮精神，鋭意創新，爲全面建設小康社會、構建社會主義和諧社會發揮思想庫作用，進一步推進高校哲學社會科學全面協調可持續發展。

哲學社會科學研究是一項光榮而神聖的社會事業，是一種繁重而複雜的創造性勞動。精品源於艱辛，質量在於創新。高質量的學術成果離不開嚴謹的科學態度，離不開辛勤的勞動，離不開創新。樹立嚴謹而不保守，活躍而不輕浮，鋭意創新而不嘩衆取寵，追求真理而不追名逐利的良好學風，是繁榮發展高校哲學社會科學的重要保障。建設具有中國特色的哲學社會科學，必須營造有利於學者潛心學問、勇於創新的學術氛圍，必須樹立良好的學風。爲此，自2006年始，教育部實施了高校哲學社會科學研究後期資助項目計劃，旨在鼓勵高校教師潛心學術，厚積薄發，勇於理論創新，推出精品力作。原中央政治局常委、國務院副總理李嵐清同志欣然爲後期資助項目題字“厚積薄發”，並篆刻同名印章一枚，國家圖書館名譽館長任繼愈先生亦爲此題字“生也有涯，學無止境”，此舉充分體現了他們對繁榮發展高校哲學社會科學事業的高度重視、深切勉勵和由衷期望。

展望未來，奪取全面建設小康社會新勝利、譜寫人民美好生活新篇章的宏偉目標和崇高使命，呼喚著每一位高校哲學社會科學工作者的熱情和智慧。讓我們堅持以馬克思主義爲指導，深入貫徹落實科學發展觀，求真務實，與時俱進，以優異成績開創哲學社會科學繁榮發展的新局面。

教育部社會科學司

目　録

緒　論

《五行》是由孔門後學所編認識論文獻。仁、義、禮、智、聖是構成人的精神品質的五種要素，作爲解釋體繫的仁、義、禮、智、聖是高度概括的，帶有舉例的性質。主要觀點:（1）“仁型於内謂之悳之行，不型於内謂之行”，所謂“悳之行”是指具“型”於内，施行於外，有如畫家畫竹，胸有成竹，則筆下之竹栩栩如生。所謂“不型於内謂之行”是指未具“型”於内（尚未在心中建立起對於客觀外界的理性認識）而施行於外，有如初學者畫竹，胸中無竹，臨時模仿，則筆下之竹了無生氣。（2）“悳之行五，和謂之德，四行和謂之善。善，人道也。悳，天道也。”善指向對已有知識的學習，學得好即爲“善”；悳則指向經繼承而有創造發明，人群中優秀者原創性的正確認識具有與天道相通的品格。必須指出，作爲認識意義的"悳"不能直接等同於形上之"天道"。（3）學者或認爲《五行》中"聞見是人的感覺，聰明是人的能力，聖知是人的知識"，是可以接受的意見。（4）"金聲而玉振之"，金、玉皆狀聲之美者，辨別出外界"金聲"要求主體有相應的知識準備，"玉振之"是指主體容納客體之"金聲"並作出超越"金聲"的"玉振"。有如人皆識新疆民歌金聲之善，"有與始，有與終也"；而王洛賓以其音樂天賦由原曲譜出新聲，此所謂"有與始，無與終也"。（5）《五行》"型於内""聞而知之""聖之思也清"等文例中的"聖"須經憂、知、悦、安、樂而"悳"，不同於《中庸》"不思而得"之"聖人"。《五行》之"聖"應放在認識論的範圍内來理解。

1973年湖南長沙馬王堆漢墓出土帛書中有一篇重要的文獻《五行》，時隔20年，1993年湖北荊門市郭店一號楚墓又出土有竹書《五行》。篇名"五行"爲整理者所擬，龐樸等多數學者從之。亦有學者擬其篇名爲“德行”，由於郭店簡《五行》篇首有“五行”二字，可以理解爲篇題，《五行》篇名已無歧議。

一 《五行》研究概述

簡帛《五行》對中國古代思想史、學術史研究的重要意義，是諸多學者都認識到的，有多種表述。孔子以後至孟子、荀子，思想史的資料主要見於《禮記》等經典。陳來認爲，由於學者多主張《禮記》不能代表先秦思想，只能作爲漢代思想來論述，“結果是，先秦儒家只能講孔、孟、荀，先秦三百年繁盛的儒學史只成三人之歷史，造成了先秦儒學研究的‘史料困境’”，而馬王堆漢墓帛書、郭店楚簡、上海博物館藏戰國竹書等，“爲我們擺脱上述的先秦思想研究‘史料困境’，重建原始儒家的繫譜，帶來了令人興奮的曙光”。而陳來從事這方面的研究，首先列舉的是《五行》[1]。當然簡帛《五行》研究的意義是多方面的，更深層的意義尚處於討論中。

1 陳來:《竹帛〈五行〉與簡帛研究》，北京：生活·讀書·新知三聯書店2009年版，第8～9頁。

時至今日，有關簡帛《五行》的研究論著已有二十餘部（有相當一部分專著有討論《五行》的章節，未能盡數計入），論文一百八十餘篇。學術界對《五行》研究的關注程度，略可與簡帛《周易》、簡帛《老子》、竹書《詩論》《楚帛書》等相比肩。以下我們先簡要介紹學術界的相關研究，然後就《五行》核心內容及思想性質談幾點看法。

首先應該提到的是，帛書《五行》公佈以後，龐樸發表了《馬王堆帛書解開了思孟五行說之謎》(《文物》1979年第10期)、《思孟五行新考》(《文史》1979年第7輯)、《帛書〈五行篇〉校注》(《中華文史論叢》1979年第4輯，總第12輯)、《〈五行篇〉評述》(《文史哲》1988年第2期)、《思孟五行說新解》(《哲學研究》1994年第11期）等繫列文章，繼以“校注”及部分文章結集爲《帛書五行篇研究》，齊魯書社1980年出版。郭店楚簡《五行》公佈以後，發表有《竹帛五行篇與思孟五行説》(《哲學與文化》26卷5期)、《竹帛《五行》篇比較》(《中國哲學》第20輯)、《另有一種五行》(《尋根》1999年第4期)、《〈五行〉補注》

（“新出土文獻與古代文明研究”國際學術研討會，上海大學，2002年7月）等文，部分文章結集爲《竹帛〈五行〉篇校注及研究》，臺北萬卷樓圖書有限公司2000年出版。

龐樸對簡帛《五行》研究有以下重要見解：

1. 分《五行》爲28章，區別帛本經、説，以説從經。此一文本格局，多爲研究者採納。

2. 整理者指出：《五行》仁義禮智聖五事，即荀子罪責子思、孟軻“案往舊造説，謂之五行”所指[1]。龐樸認爲，《孟子·盡心下》所論有仁、義、禮、智、聖人，其中“聖人”之“人”字衍，與《五行》仁義禮智聖正合。對《五行》作者、年代、學派歸屬、内容屬性，以及仁義禮智聖與“水火木金土”之關繫等重要學術問題提出看法。學者稱龐樸的有關研究爲“龐樸説”，大凡研究《五行》者，往往以“龐樸説”爲基礎，展開各方面的討論。詳見下文所引。

1 國家文物局古文獻研究室編：《馬王堆漢墓帛書（壹）》，北京：文物出版社，1980年，第24頁。以下凡引帛書《五行》經文部分簡稱“帛經”，傳文部分簡稱“帛傳”（龐樸稱“説”）。凡引簡、帛《五行》附竹簡編號或帛書行號，不另注頁碼。

3.校注部分所做的工作:（1）正句讀，如帛傳221整理者釋文“直之其子七也”，龐樸指出“直之”後應斷讀。（2）補闕文，如帛傳252“言信其□也”，龐樸補闕文爲“體”；帛傳268“嚴而畏之，尊也”原闕，龐樸據帛經補入。皆可信。（3）移正亂行，如帛傳“不周〔於〕匿者，不辨於道也”十字原在帛傳第299行中段，龐樸移正至297行“心道也”之後，可信。（4）訂正釋文，如帛傳303行“言無所爭焉也”句，爭字整理者隸作“稱”，龐樸改隸作“爭”，可資參考。他如釋帛書符號用法，引經史解章、句、字義，皆有功於簡帛《五行》研究。

龐樸説亦有不足之處，如“不型於内謂之行”句，龐樸的理解是有問題的。龐樸説的影響很大，以至於有十餘位學者對該句的解説都有待商榷。

學者研究簡帛《五行》，做出重要貢獻者衆多，以下謹以專題爲目述其要者。

(一)《五行》的作者、學派與年代諸問題

一般認爲簡本《五行》、帛經成於孟子之前。

龐樸曾認爲帛書《五行》是“孟氏之儒”或“樂

正氏之儒”的作品[1]，竹書《五行》公佈以後，龐樸根據墓葬年代修訂舊說：“此篇既早於孟子，其爲子思或子思弟子所作，或大有可能。”[2]淺野裕一認爲《五行》成書於戰國初期，並提出其“經”的部分是子思門人所作，“説”的部分爲子思門人或年輕時代的孟子所作[3]。魏啟鵬認爲“《德行》篇是戰國前期子思氏之儒的作品”，“成書早於孟子”[4]。李學勤斷定《五行》的作者“只能是子思”[5]。郭沂舉五徵以證其説[6]。陳來定《五行》爲子思之作，帛書《五行》的説文爲孟子所

---

1 龐樸：《帛書五行篇研究》，濟南：齊魯書社，1980年，第23頁。

2 龐樸：《竹帛〈五行〉篇校注及研究》，臺北：萬卷樓圖書有限公司，2000年，第Ⅱ頁。

3 淺野裕一：《帛書〈五行篇〉的思想史地位》，《島根大學教育學部紀要》（人文·社會科學）第十九卷，東京：1985年12月。

4 魏啟鵬：《〈德行〉校釋》，成都：巴蜀書社，1991年，第105頁。

5 李學勤：《先秦儒家著作的重大發現》，《中國哲學》第20輯，瀋陽：遼寧教育出版社，1999年，第78頁。

6 郭沂：《〈五行〉考略》，龐樸主編：《古墓新知》，臺北：臺灣古籍出版有限公司，2002年，第173～174頁。

作，從而坐實“子思唱之”“孟軻和之”[1]。李存山認爲竹簡《五行》早於《中庸》，排出竹簡《五行》—《中庸》—《孟子》—帛書《五行》的時間順序[2]。梁濤認爲《五行》的思想處在孔子以後，孟子、荀子以前的儒學分化、過渡階段，“對以後的孟子、荀子均產生過影響。”[3]

以上諸説大致可以代表多數學者的看法。

亦有學者認爲簡本《五行》、帛經成於孟子之後。

池田知久曾認爲《五行》作於漢代，郭店楚簡公佈以後改定爲於戰國後期，不過他仍從《孟子》《荀子》中尋找證據，以表達《五行》形成在孟子、荀

1 陳來:《竹帛〈五行〉篇爲子思、孟子所作論》，郭齊勇主編:《儒家文化研究》第1輯，北京：生活·讀書·新知三聯書店，2007年，第46 ~ 47頁。陳來:《竹帛〈五行〉與簡帛研究》，北京：生活·讀書·新知三聯書店，2009年，第106、107頁。

2 李存山:《從簡本〈五行〉到帛書〈五行〉》，武漢大學中國文化研究院編:《郭店楚簡國際學術研討會論文集》，武漢：湖北人民出版社，2000年，第244頁。李存山:《“郭店竹簡與思孟學派”復議》，郭齊勇主編:《儒家文化研究》第1輯，北京：生活·讀書·新知三聯書店，2007年，第60頁。

3 梁濤:《郭店竹簡與思孟學派》，北京：中國人民大學出版社，2008年，第205 ~ 206頁。

子之後的意思[1]。王葆玹對郭店楚墓的年代以白起拔郢（前278年）爲下限提出質疑，認爲該墓“其實是葬於西元前278年郢都失陷以後”，並斷定《五行》“不得早於《孟子》。”[2]

帛傳撰成晚於帛經。龐樸云：“説文完成的時間，當在《孟子》成書以後。”[3]李存山云：“《五行》似可謂‘孟氏之儒’之别派的改編解説本。”[4]郭沂認爲年代上限在孟荀之後，當成於戰國末期[5]。

與上述學者將《五行》作者與思孟相聯繫的説法有所不同，池田知久明確反對“將《五行》所屬學派

---

1 池田知久：《馬王堆漢墓帛書五行研究》，東京：汲古書院，1993年。池田知久：《郭店楚簡〈五行〉研究》，《中國哲學》第二十一輯，瀋陽：遼寧教育出版社，2000年，第92 ~ 133頁。

2 王葆玹：《郭店楚簡的時代及其與子思學派的關繫》，武漢大學中國文化研究院編：《郭店楚簡國際學術討論會論文集》，武漢：湖北人民出版社，2000年，第644 ~ 649頁。

3 龐樸：《竹帛〈五行〉篇校注及研究》，臺北：萬卷樓圖書有限公司，2000年，第104頁。

4 李存山：《從簡本〈五行〉到帛書〈五行〉》，武漢大學中國文化研究院編：《郭店楚簡國際學術研討會論文集》，武漢：湖北人民出版社，2000年，第245 ~ 246頁。

5 郭沂：《〈五行〉考略》，龐樸主編：《古墓新知》，臺北：臺灣古籍出版有限公司，2002年，第179 ~ 180頁。

視作思孟學派的見解"，認爲《五行》折中孟子、荀子思想，從諸子百家吸收自己所必需的內容，"視爲折中學派的著述比較適當"[1]。李學勤云："以《大學》之例律之，我們不妨説傳文是世子之意而門人記之，或者就是世子的作品。"[2]邢文云："帛書《五行》傳文兩見'世子曰'，知爲世子之學。"[3]郭沂認爲帛傳的作者"當爲世碩之後學"[4]。丁四新認爲《五行》的學派歸屬有二，其一是屬思孟學派；其二，"單就楚簡《五行》來看，很可能是世子之作，而帛書《五行》説解部分屬其門人之作"。丁氏傾向於後一種可能。

以帛經、傳屬之世子或世子後學，自不爲主張簡帛《五行》屬思孟學派的學者所認同，如李鋭云："對於《五行》傳文中所引世子之語，較爲妥當的看

1 池田知久：《郭店楚簡〈五行〉研究》，《中國哲學》第二十一輯，瀋陽：遼寧教育出版社，2000年，第116頁。

2 李學勤：《從簡帛佚籍〈五行〉談到〈大學〉》，《孔子研究》1998年第3期，第47～51頁。

3 邢文：《〈孟子·萬章〉與楚簡〈五行〉》，《中國哲學》第二十輯，瀋陽：遼寧教育出版社，1999年，第239頁。

4 郭沂：《〈五行〉考略》，龐樸主编：《古墓新知》，臺北：臺灣古籍出版有限公司，2002年，第173~174頁。

法，應該是作傳者采世子之語作爲傳文的補充，世子本人與《五行》沒有太多關繫。”[1]劉信芳認爲：“《五行》的主要思想、主要内容的形成應早於子思，子思不過是‘唱之’而已，孟軻不過是‘和之’而已。”《荀子》既云“案往舊造説，謂之五行”，“仲尼子遊爲茲厚於後世”，“如果荀子所言無誤，那麼《五行》的思想源頭一直久遠到孔子及其入室弟子那兒，經子思傳承而編輯整理有關言論，隨文作説解，這就是我們今天見到的簡本《五行》。”[2]

王中江將帛傳的形成年代定在孟子之前，云：“《五行》篇用的是‘人體之大者’與‘人體之小者’，還有一處用了‘小體’，但沒有‘大體’之名。孟子直接使用相對意義上的‘大體’與‘小體’，當是受前者影響而概括出來的。對《五行》篇‘説’的出現時間，一是認爲在孟子之後，龐樸先生持之；一是認爲在孟子之前，李學勤先生持之。我覺得把它看成是

1 李鋭：《仁義禮智聖五行的思想淵源》，李鋭：《新出簡帛的學術探索》，北京：北京師範大學出版社，2010年，第171頁。

2 劉信芳：《簡帛〈五行〉述略》，《江漢考古》2001年第1期，第71～77頁。

子思後學的作品，也許更爲恰當些。”[1]

陶磊認爲荀子所批判的五行，當是出土的簡、帛《五行》中的型於內的五種德之行。這種學説是先驗的，非理性的，具有神秘性。“思孟五行”作爲一個學術術語，無法成立，應該放棄。

綜上，簡帛《五行》以孔孟之間的思想文化爲背景，主體內容屬儒家。考慮到池田知久等學者有關論述所具有的合理因素，可以認爲《五行》的主體內容並不局限於儒家。《荀子·非十二子》明言“五行……此真先君子之言也。子思唱之，孟軻和之”，則荀子已不知《五行》作者，司馬遷《史記》、劉向《七録》、班固《漢志》以下無及焉。學者關於《五行》作者、年代的討論都與《五行》內容的理解相關聯，都是有益的，必要的。不過要坐實《五行》的作者，確實難度太大，有待於研究的深入。

1 王中江：《簡帛〈五行〉篇的“悳”概念》，王中江：《簡帛文明與古代思想世界》，北京：北京大學出版社，2011年，第264 ~ 285頁。

（二）簡帛《五行》中的“五行”與水火木金土五行的關繫

簡帛《五行》中的“五行”乃仁、義、禮、智、聖，無論是經還是傳，都不涉及傳統的數術五行。簡帛《五行》中的“五行”與起源很早的水火木金土五行是否有關，甚爲學者所關注，並由此形成截然不同的兩種看法。

對於《荀子·非十二子》所批判的“五行”，龐樸已列舉章太炎“古者《洪範》九疇舉五行傅人事”以及梁啟超、劉節、顧頡剛、範文瀾、郭沫若諸説，引證詳明，本書可以略過這一大段學術史。至於龐樸本人，則斷然否定《五行》仁、義、禮、智、聖與水火木金土五行有關[1]。

《尚書·洪範》：

> 五事：一曰貌，二曰言，三曰視，四曰聽，五曰思。貌曰恭，言曰從，視曰明，聽曰聰，思曰睿。恭作肅，從作乂，明作哲，聰作謀，睿作聖。

1 龐樸：《帛書五行篇研究》，濟南：齊魯書社，1980年，第1～6頁。

李學勤曾專門撰文將簡帛《五行》與《洪範》水、火、木、金、土五行相聯繫展開討論，引鄭玄注《中庸》“天命之謂性”章：“木神則仁，金神則義，火神則禮，水神則信，土神則知。”認爲子思的五行説是“將作爲元素的五行與道德範疇的五行結合爲一”。[1]

對於李學勤所引鄭玄注這一條強證，龐樸堅持自己的意見，在竹簡《五行》公佈後補充説：“仁義禮智聖之改爲仁義禮智信，及其與金木水火土的配搭，是西漢時事。”[2]梁濤認爲：“鄭玄明顯是以漢人的觀念附會古人的思想，對於理解子思的五行説並沒有太大價值。”[3]孫開泰認爲仁義禮智聖與金木水火土“有區別”。[4]

---

1 李學勤：《簡帛佚籍與學術史》，臺北：時報文化出版公司，1994年，第288 ~ 297頁。

2 龐樸：《竹帛〈五行〉篇校注及研究》，臺北：萬卷樓圖書有限公司，2000年，第29頁。

3 梁濤：《郭店竹簡與思孟學派》，北京：中國人民大學出版社，2008年，第217頁。

4 孫開泰：《〈郭店楚墓竹簡·五行〉篇校釋》，李學勤、謝桂華主編：《簡帛研究2001》，桂林：廣西師範大學出版社，2001年，第137頁。

已有多位學者的看法與李學勤相同或相近。王葆玹認爲子思五行説與《尚書·洪範》不可能沒有關繫，“《尚書》爲子思五行説的主要經典依據”[1]。李鋭在李學勤説的基礎上有較爲繫統地引申與展開[2]。

郭齊勇引到《史記·樂書》“宫動脾而和正聖，商動肺而和正義，角動肝而和正仁，徵動心而和正禮，羽動腎而和正智”，並結合《左傳》昭公元年、昭公二十五年注疏，列有下表：

五行	仁	禮	聖	義	智
五音	角	徵	宫	商	羽
五臟	肝	心	脾	肺	腎
五方	東	南	中	西	北
五性	木	火	土	金	水

郭齊勇認爲這些内容“對我們理解思孟五行的‘聖’‘聖德’‘聖智’很有幫助”，“是對本體的

1 王葆玹：《郭店楚簡的時代及其與子思學派的關繫》，武漢大學中國文化研究院編：《郭店楚簡國際學術討論會論文集》，武漢：湖北人民出版社，2000年，第648頁。

2 李鋭：《新出簡帛的學術探索》，北京：北京師範大學出版社，2010年，第162 ~ 167頁。

體悟”。[1]

王博云："子思‘仁義禮智聖’的五行説和舊的‘金木水火土’五行説之間還是有淵源的……子思很着意説明其所謂‘五行’之間的相生關繫，應該就是受了傳統五行學説中相生觀念的影響。"[2]王博撰有《子思五行説與傳統五行説的關繫》一文，針對《五行》"君子之爲善也，有與始，有與終也。君子之爲德也，有與始，無與終也"一段文字，認爲這是"以終始論五行的顯例"，"如果説鄒衍的‘五德終始説’受了思孟五行説某種程度的影響，也不能完全算是無稽之談吧！"[3]

儘管王博措辭謹慎，但我們仍然有必要説明，簡帛《五行》"有與始，有與終"以及"有與始，無與終"與鄒衍"五德終始説"無關，作此比附是沒有必要的（説詳下）。郭梨華曾用較大篇幅試圖從"哲學

---

1 郭齊勇：《再論"五行"與"聖智"》，丁四新主編：《楚地出土簡帛文獻思想研究（一）》，武漢：湖北教育出版社，2002年，第22～34頁。

2 王博：《五行與四行》，王博：《簡帛思想文獻論集》，臺北：臺灣古籍出版有限公司，2001年，第55頁。

3 王博：《子思五行説與傳統五行説的關繫》，王博：《簡帛思想文獻論集》，臺北：臺灣古籍出版有限公司，2001年，第69頁。

的意義與發揮的作用”，在《五行》“德之五行”與水火木金土“五行”之間建立聯繫，所得結論是：“‘德之五行’與水火木金土‘五行’的關繫，基本上是藉著《五行》作者對於‘樂’的強調與重視而聯繫在一起，至於比附的關繫則無跡可尋。”[1]對此我們有必要指出：即令是《五行》中關於“樂”的討論，也同樣與水火木金土“五行”沒有關繫。

常森認爲：“《五行》篇的一些重要觀念是建立在《尚書》學背景之上的，是以弘揚《尚書》思想或者解讀其作品爲基礎的，其某些特性，可以從《尚書》學傳統中得到合理解釋。”如“視曰明，聽曰聰，思曰睿”，常森認爲，《五行》中的“聰”“明”，都是就視聽能力而言的，且都是視覺、聽覺當追求的境界，“這跟《洪範》五事‘視曰明，聽曰聰’是完全

1 郭梨華：《竹簡〈五行〉的“五行”研究》，武漢大學中國文化研究院編：《郭店楚簡國際學術研討會論文集》，武漢：湖北人民出版社，2000年，第249～260頁。

一致的”。[1]

按：數術五行是古人建立的時空解釋體繫，容量極大，幾乎無所不包，舉凡方位、季節、朝代更替、職官、顏色、音樂、用牲、五事、五臟、五木乃至生肖等，皆可與數術五行掛鈎。因而對《尚書·洪範》《史記·樂書》以上記載，觀之可也，述之可也，廣異聞可也，用來證明數術五行與仁義禮智聖有關繫，也完全可以成立。尤其值得指出的是，五事中視、聽、思，“視曰明，聽曰聰，思曰睿”，“明作哲，聰作謀，睿作聖”等，與《五行》聞、見、聰、明、思、聖等具有一致性，常森指出這一點，確實是很重要的。上述五事中的有關内容實屬認識論問題，而《五行》主題内容爲認識論學説，二者具有一致性是很自然的。但不能不説的是，《洪範》九疇有五行、五事、八政、五紀、皇極、三德、稽疑、庶征、五福六極，各自有明確的界説。八政、三德等與五行無

1 常森：《簡帛〈五行〉篇與〈尚書〉之學》，何志華、沈培等編：《先秦兩漢古籍國際學術研討會論文集》，北京：社會科學文獻出版社，2011年，第105 ~ 129頁。

關，五事與“水、火、木、金、土”五行是兩回事，是很明確的。後世學者或將五事與“水、火、木、金、土”五行掛鈎，已經是另外一個學術問題。簡帛《五行》根本就見不到數術五行的蹤影，倘若用此類記載研究簡帛《五行》的内容，則既沒有展開討論的空間，也沒有深入研究的價值。

如果説金木水火土是構成物質世界的五種元素，那麼仁義禮智聖則是構成人的精神品質的五種要素。物質世界的構成元素是不可窮盡的，因而作爲解釋體繫的金木水火土是高度概括的，帶有舉例的性質。同樣的道理，人的精神品質的構成要素也是多種多樣的，作爲解釋體繫的仁義禮智聖也是高度概括的，也是舉例性的。因而我們的研究可以從實際生活中舉出實例，用以説明仁義禮智聖的具體含義，然後再做歸納概括的工作。經過由抽象到具體，再由具體回到抽象，有可能使我們得到對於《五行》仁義禮智聖的深入理解。

（三）對《五行》核心內容及思想性質的討論分歧

簡帛《五行》的核心內容是什麼？如何界定《五行》的思想性質？目前略有道德學説、政治學説、認識學説三種不同的理解。不同的屬性定位將導致對《五行》章、句、字、詞的不同詮釋，這是研究《五行》有必要先行討論的重要問題。

絕大多數學者將《五行》理解爲道德學説。龐樸云：《五行》"繼續思孟學派的心性説，創立自己的知行説，爲儒家的内聖之學提供了堅實的哲學基地"。[1]其後又有進一步概括，《五行》與《六德》組成了完整的儒家道德學説體繫，"人之作爲家庭成員所應有的人倫道德（六德），作爲社會成員所應有的社會道德（四行），以及作爲天地之子所應有的天地道德（五行）"[2]。郭齊勇説："《五行》不是從社會層面一般地講養心、用心的方法，而是凸顯其中更重要的層面，

---

1 龐樸：《帛書五行篇研究》，濟南：齊魯書社，1988年，第91頁。

2 龐樸：《竹帛〈五行〉篇校注及研究》，臺北：萬卷樓圖書有限公司，2000年，第105頁。

更強調道德的內在性和道德的形上性。”[1]

龐樸的“知行説”只涉及對《五行》部分内容的理解，劉信芳則在此基礎上將《五行》全篇理解爲認識學説。“簡帛《五行》是一篇構思縝密、結構完整的認識論學説。仁、義、禮、智、聖是《五行》討論的基本問題，其中由“仁”揭示的是主體與客體的關繫問題，由“義”“禮”揭示的是行的取向及行爲規範的問題，由“智”揭示的是認識規律的問題，而“聖”則涉及有關真理的問題。”[2]《五行》簡22 ~ 24："未嘗聞君子道，謂之不聰。未嘗見賢人，謂之不明。聞君子道而不知其君子道也，謂之不聖。見賢人而不知其有悳也，謂之不知。”劉信芳云："聞見是人的感覺，聰明是人的能力，聖智是人的知識。”

郭齊勇對劉説提出以下批評："劉信芳先生把‘聖智’解釋爲知識。他説：‘聞見是人的感覺，聰明

1 郭齊勇：《郭店楚簡身心觀發微》，武漢大學中國文化研究院編：《郭店楚簡國際學術研討會論文集》，武漢：湖北人民出版社，2000年，第202頁。

2 劉信芳：《簡帛〈五行〉仁義禮知聖研究》，《國際儒學研究》第11輯，北京：國際文化出版公司，2001年，第33 ~ 53頁。

是人的能力，聖智是人的知識。’劉著以主客體之間的認識論來解讀《五行》和‘聖智’，似有未妥。實際上，‘聖智’是對本體的體悟，是對超越天道的冥契。這不是知識論涵蓋得了的。”[1]

陳來對這一問題有進一步分析，對聰明、聞見、聖智三者的連接作出“政治哲學”的解讀。陳來說：

> “聰明”本來是認識能力的價值，應當屬於認識論的範疇。“見聞”是認識活動的經驗方式，也是認識論的範疇。“聖智”在其本來的意義上，是聰明的高度發展，聖人和智者是具有高度聰明的人格體現。

陳來又接着分析說：

> “聖”不是一般的聞聽之聰，不是一般意義下的特殊聽覺能力，而是聞聽君子之道而能知其爲

1　郭齊勇：《再論“五行”與“聖智”》，《中國哲學史》2001年第3期，第24頁。

君子之道。“智”也不是一般的看見之明，不是一般意義下的特殊視覺能力，而是面見賢人而能知其有德。可見賢人是指有德的人。在這裏，聰明、聞見、聖智都被限定了，被道德化了、政治化了，成爲政治實踐的能力、政治認知的能力和道德認識的能力，這是早期儒家思想對古代聰明聖智説的一種改造。

因此，聰明、聞見、聖智三者的連接，在《五行》篇中，其主導的指向不是構成爲一種認識論的論述，聰明、聞見、聖智都被明確賦予了道德的、政治的意義，三者連接的指向是構成一種政治哲學的論述。這種政治哲學是以“聞君子道”和“見賢人”爲中心，亦即以“聞道”和“尊賢”爲中心的。[1]

陳來的以上論述是充分説理的。不過筆者略有保留，仍以上引《五行》簡22 ~ 24的一段文字爲例，

1 陳來：《竹簡〈五行〉篇與子思思想研究》，陳來：《竹帛〈五行〉與簡帛研究》，北京：生活·讀書·新知三聯書店，2009年，第152、153頁。

甲、乙二人同聞君子道，甲知其爲君子道，乙不能體會到這就是君子道，則乙爲“不聖”；甲、乙二人同見賢人，甲知其爲有德者，乙有眼不識泰山，則乙爲“不智”。以上句例中的“君子道”“賢人”是可以置換的。鐘子期聽伯牙鼓琴而有高山流水（《列子·湯問》）；魏文侯“端冕而聽古樂，則唯恐臥”（《禮記·樂記》）。鐘子期爲知音，設若伯牙鼓琴，聽者若魏文侯等，那將是對牛彈琴。很明顯，簡文討論的不是“什麼是君子道”“什麼是賢人”的問題，而是不同認識主體對“君子道”“賢人”識别的差異，是聰、明、聖、智的問題，理所當然地屬於認識論的問題。

我個人認爲將《五行》的核心内容作出認識學説的解釋也許是有道理的，以下試從“‘型於内謂之悳之行’與‘不型於内謂之行’”“‘善’與‘德’”“《五行》《中庸》之‘聖’與‘聖人’”三個方面談幾點不成熟的意見。

二 “型於内謂之悳之行”與“不型於内謂之行”

郭店簡《五行》簡1～4：“仁型於内謂之悳之行，不型於内謂之行。義型於内謂之悳之行，不型於内謂之行。禮型於内謂之悳之行，不型於内謂之行。智型於内謂之悳之行，不型於内謂之行。聖型於内謂之悳之行，不型於内謂之悳之行。”最後一句帛經作：“聖形於内謂之悳之行，不形於内謂之行。”

“型”的本義謂模型，“道”是型而上的[1]，是不受規模的；而“型於内”的仁、義、禮、智、聖既已“型”矣，則已經是“器”。在簡本《五行》中，聖“不型於内謂之悳之行”，是“聖”能超越於型上。然而在帛本《五行》中，聖“不形於内謂之行”，是“聖”亦受“型”的制約。由於“聖”在型上與型下之間，古人或以爲在型上，或以爲在型下，今人存其異可也。“聖”即令能夠超越於型而在型上，也不會有人認爲“聖”能等同於“道”。

1《繫辭》“形而上”亦即“型而上”。

什麼是“悳之行”？簡單地說，具“型”於内，施行於外，即所謂“悳之行”。有如畫家畫竹，胸有成竹，則筆下之竹栩栩如生。

什麼是“不型於内謂之行”？未具“型”於内（尚未在心中建立起對於客觀外界的理性認識），而施行於外，即所謂“行”。有如初學者畫竹，胸中無竹，臨時模仿，則筆下之竹了無生氣。

研究《五行》的學者都知道上引一段文字是《五行》的總綱，然而對於什麼是“型於内謂之悳之行”，什麼是“不型於内謂之行”，則衆説紛紜。

黄俊傑説：“仁義禮智聖等五種美德皆在人的心中（所謂‘型於内’），稱爲‘德之行’；其表現在外在行爲者，則稱爲‘行’。”[1]按“不型於内謂之行”一句，“不型於内”是指仁、義、禮、智、聖不具型於内心，心中既不知仁、義、禮、智、聖爲何物，又何以能將仁、義、禮、智、聖表現爲“外在行爲”？

---

1 黄俊傑：《孟子後學對身心關繫的看法——以馬王堆漢墓帛書〈五行篇〉爲中心》，《孟子思想史論》卷一，第75頁；《清華學報》新20卷1期，1990年6月。

正是因爲有學者以上表述，時至2011年仍有學者説"'型於内'的'德之行'與'不型於内'的'行'在《五行》看來是成德的一個整體過程"。後説的錯誤之處，請參下文。

郭齊勇説："仁、義、禮、智、聖，是人心得之於天道的，或者説是天賦於人的、内化於人心之中的，可形可感，可以實現的。這五種德行内在地和諧化了，就是天道之德。其表現在外的仁、義、禮、智之行爲，相互和合，就是人道之善。"[1]郭齊勇的以上論述存在兩個問題，其一，依照郭齊勇的説法，"仁、義、禮、智、聖"是"天賦於人的"，如此則人人心中皆有"仁、義、禮、智、聖"，那麼"仁、義、禮、智、聖""型於内"以及"不型於内"不就成了多餘的話題？筆者注意到，王中江不同意仁、義、禮、智、聖是"天賦於人的"，説參下。其二，《五行》中的"德"必須將仁、義、禮、智、聖付諸行（實踐），方能成"德之行"；而"善"亦必須將仁、義、禮、

1 郭齊勇：《郭店儒家簡與孟子心性論》，《武漢大學學報》1999年第5期，第25頁。

智具形於内，方能達至於“善”。“德”與“善”都是“型於内”且又“行”（實踐）的，明顯不能以内外分出“德”與“善”。郭齊勇又說：“仁、義、禮、智、聖的和合，是形上之天道；仁、義、禮、智的和合，是形下之人道。前者‘誠於中’，後者‘形於外’。前者是與天道相連的道德心性，屬超越層面；後者是與社會禮俗相連的道德實踐層面。”[1] 這一說法也存在基本的釋讀問題。其一，郭氏所謂“前者‘誠於中’”，只能是指仁、義、禮、智、聖“型於内”，但《五行》仁、義、禮、智四行和同樣也是“型於内”纔能謂之“善”，並非只有前者“誠於中”。其二，所謂“後者‘形於外’”，郭氏是借用《大學》“誠於中，形於外”來作解釋的。帛本“形”，簡本作“型”，型本義指模型，用作動詞謂具型。《五行》“型於内”是指將仁、義、禮、智、聖具型於内心，“不型於内”是指尚未將仁、義、禮、智、聖具型於内心。郭氏用“形於外”替代“不型於内”，這並不合適。“形於外”在

1 郭齊勇：《郭店楚簡〈五行〉的心術觀》，龐樸主編：《古墓新知》，臺北：臺灣古籍出版有限公司，2002年，第150頁。

《大學》中是完全可以理解的，然而“型於外”在《五行》中何以能講通？《五行》之“型”與《大學》之“形”語境不同，論述的角度不一樣，明顯不能做簡單套用。

楊儒賓説：“凡是未經心靈體現出來的道德行爲，《五行篇》稱之爲‘行’，意即一般的道德行爲，即道德行爲尚未經由意識化或内在化的一種社會規範之行爲。《五行篇》嚴格上説來並不是這種作爲社會規範的‘行’，而是内在化、意識化的‘德之行’。”[1]按：《五行》明明白白將行分爲型於内之“悳之行”與不型於内之“行”，“悳之行”與“行”相對而言，作爲人類的實踐活動，從古到今都是有的，楊氏所説“《五行篇》嚴格上説來並不是這種作爲社會規範的‘行’”並不符合《五行》的實際内容。又：不型於内之“行”是一種盲目之行（説参下文），楊氏理解爲“一種社會規範之行爲”是不合適的。道理很簡單，

1 楊儒賓：《德之行與德之氣——帛書〈五行篇〉、〈德聖篇〉論道德、心性與形體的關繫》，鐘彩鈞主編：《中國文哲研究的回顧與展望論文集》，臺灣研究院中國文哲研究所，1992年，第417~418頁。

凡制器以竹爲範，以木爲模，以土爲型，不型於内之“行”與“社會規範”在邏輯上沒有關繫[1]。

黄熹説：“‘形於内’和‘不形於内’形成了‘行’的形上與形下的一體兩面性，最終形成的整個體繫是超越的形上與現實的形下融爲一體的天人合一的特殊體繫。如此一個‘形’之上下與内外的交融便構成了儒學的‘天人合一’的形而上體繫。”[2]黄説是由上引郭齊勇説派生來的，但錯得更遠。黄氏將“形於内”理解爲“形上”，將“不形於内”理解爲“形下”。按《五行》中的善（仁、義、禮、智四行和）也有型於内的，而善明明是人道。《五行》中的“聖”是及於天道的，而“聖”亦有“不型於内”（簡4）。由“形於内”和“不形於内”又如何能夠推出“‘形’

1 梁濤説：“《五行》的‘德之行’與‘行’實際是一種雙重道德律，前者是内在道德律，是主體自覺，後者是外在道德律，是客觀規範。”参梁濤：《簡帛〈五行〉新探——兼論〈五行〉在思想史中的地位》，龐樸主編：《古墓新知》，臺北：臺灣古籍出版有限公司，2002年，第194頁。按：凡是將《五行》不型於内之“行”與規範性相聯繫的解釋，都是不合適的。

2 黄熹：《儒學形而上體繫的最初建構——〈五行〉所展示的儒學形而上體繫》，《中國哲學史》2001年第3期，第37頁。

之上下與内外的交融”？更何況《五行》只有“型於内”和“不型於内”，何來“形”之“外”[1]？可見黄氏“構成了儒學的‘天人合一’的形而上體繫”是完全沒有根基的。

梁濤説：“‘形於内’是指‘仁義禮智聖’五行形於内心，是一種内在規範，而‘不形於内’是指沒有形於内心，是一種外在規範。”又云：“在《五行》中，由於仁義禮知聖被看做是一個整體，無法把其中一部分説成是内，另一部分説成是外，故只好採用目前的表達方式，一方面説它‘形於内’，另一方面又説它‘不形於内’，前者是德，後者是善，二者具有内外的差別。應該説，《五行》的這種表述多少給自己也帶來困難，因爲‘仁義禮智聖’性質各有不同，有些主要‘形於内’，有些則側重‘不形於内’，若籠統説它們既‘形於内’又‘不形於内’，則與五行的具體内容多少會產生矛盾。”[2]依照梁濤的説法，《五行》

1 外界事物有如模型具型於心中，叫做“型於内”，因而“形”之“外”已在《五行》之外。

2 梁濤：《簡帛〈五行〉新探——兼論〈五行〉在思想史中的地位》，《孔子研究》2002年第5期，第40、42頁。

本身的立論基點是有問題的，如此解釋《五行》實在令人吃驚。其一，仁、義、禮、智、聖均有“型於内”，也均有“不型於内”，梁濤所説“有些主要‘形於内’，有些則側重‘不形於内’”屬子虛烏有。其二，《五行》之行區分爲“悳之行”與“行”兩種，仁、義、禮、智、聖型於内爲“悳之行”，仁、義、禮、智、聖不型於内爲“行”。“悳之行”“行”是中心語，“型於内”“不型於内”是限定語。《五行》“仁型於内謂之悳之行，不型於内謂之行”（義、禮、智、聖亦然）的表述在邏輯上是嚴密的，根本就不存在梁濤所説的“矛盾”。

若作追溯，以上梁濤説是受到了龐樸的影響。龐樸云：“第一章總論德與善，謂德爲形於内的仁義禮智聖，意指形而上的天道爲人心所體認（道德信念）及其顯現於人性（道德屬性）；謂善爲不形於内的仁義禮智，意指形而上的天道爲人體所施行（道德實踐）。”[1]王博云：“所謂的‘四行’，指仁義禮智之不形

1 龐樸：《帛書五行篇研究》，濟南：齊魯書社，1988年，第90頁。

於内而言，它們的和叫做善。”[1]按：《五行》之善是指仁、義、禮、智（四行和）型於内之“惪之行”，龐樸所謂“善爲不形於内的仁義禮智”明顯是錯誤的理解（王博之誤類似）。梁濤説“‘不形於内’是指沒有形於内心”，對龐樸説有所糾正。但他的“外在規範”説則是在錯誤理解的基礎上又向前走了一步。“外在規範”説的不合理處，參筆者上文對楊儒賓“社會規範”説的證謬分析。

郭沂説：“所謂‘形於内’，即指自然形成於内在心性的道德。‘形於内’的過程，也就是《天命》所説的‘率性之謂道’‘自誠明’的過程。所謂‘不形於内’，是指通過學習外在的道德規範而形成的道德。這個過程，也就是《天命》所説的‘修道之謂教’‘自明誠’的過程。”[2]郭沂對“形於内”的解釋是可資參考的，需要補充説明的是，《五行》所謂“型於内”除了“自誠明”的向内體悟一路，還有向外學

1　王博：《孟子與〈五行〉》，王博：《簡帛思想文獻論集》，臺北：臺灣古籍出版有限公司，2001年，第139頁。

2　郭沂：《郭店竹簡與先秦學術思想》，上海：上海教育出版社，2001年，第147頁。

習一路，下文將有説明。郭沂對“不形於内”的解釋則是有問題的，《五行》所謂“不型於内”是指尚未將仁義禮知聖具型於内心，這與郭沂理解的“通過學習外在的道德規範而形成的道德”相去甚遠。

郭沂還將他的“内在心性”“外在體現”説貫徹到對於“金聲而玉振之”的理解，説：“所謂‘金聲而玉振之’，是説外在的‘金聲’由内在的‘玉音’振起。在作者看來，外在體現由内在心性引起，也就是説，其德行並不是始於外在體現，亦終於外在體現，這樣的君子纔是‘有德者也’。”[1]郭氏將“金聲而玉振之”解釋爲“外在的‘金聲’由内在的‘玉音’振起”，這是很奇怪的説法。按照這一理解，帛經原文只能是“内在‘玉音’振起外在‘金聲’”，若作簡化則爲“玉音振起金聲”，如此則因果關繫逆轉，“金聲而玉振之”已完全被顛覆。郭沂又説：“只有有德的人，纔能做到其外在體現（‘金聲’‘善’）由内在

1 郭沂：《郭店竹簡與先秦學術思想》，上海：上海教育出版社，2001年，第169頁。

心性（‘玉音’‘德’）振起。”[1]很明顯，郭沂理解的“金聲而玉振之”只是“有德的人”一個人的事情。而實際上，離開“有德的人”的“對象”，離開主體與客體的互動，自己的“玉音”振起自己的“金聲”，自説自唱，又何以能成爲“外得於人，内得於己”的“有德者”？

由於對“型於内謂之悳之行，不型於内謂之行”的理解不到位，以至於有學者對“行”的解釋竟然也出現偏差。試舉一例，王博云：“智由於局限在人道的範圍之内，在它的基礎上生出的仁、義和禮就僅僅是‘行’。”[2]按：在《五行》中，只有仁、義、禮不型於内謂之行，不存在“仁、義和禮就僅僅是‘行’”。王博所説“仁、義和禮就僅僅是‘行’”這句話在邏輯上有很大的漏洞，“悳之行”與“行”都是人的實踐活動，“悳之行”是“行”的一種類型，仁、義、禮型於内謂之德之行，不型於内謂之行，“悳之行”

1 郭沂：《郭店竹簡與先秦學術思想》，上海：上海教育出版社，2001年，第171頁。

2 王博：《五行與四行》，王博：《簡帛思想文獻論集》，臺北：臺灣古籍出版有限公司，2001年，第56頁。

與"行"兩種情況都存在，怎麼就能説成"僅僅是'行'"呢？

以上學者的意見都是把本來簡單的問題弄復雜了。所謂"型於内謂之悳之行，不型於内謂之行"，從認識論的角度是很好理解的。舉例説，"仁型於内"之"仁"是通過學習與認識而得到的"仁"，是在心中建立起的"仁"的模式（型），將心中的"仁"付諸實踐，即所謂"仁型於内謂之悳之行"；若没有受過仁的思想的薰陶，不知"仁"爲何物，行之於世，即所謂"不型於内謂之行"。義、禮、智、聖亦然。"仁型於内"中的"内"是指主體之心，與之相應，"仁"是指客體之"仁"，主體將客體之"仁"具型於内心[1]，即所謂"仁型於内"。接下來，"悳之行"是將主體得到的"仁"，亦即型於内心之"仁"行之於客體，客體是"行"的對象。這句話的前半部分講的是主體對外界"仁"的學習與接納，後半部分講的是

1 按照孟子的思想，這裏還應包括主體的本有之"仁"（亦即天賦之"仁"）被啟動，有如"仁"的種子在心中生根、發芽、開花、結果，成爲主體"仁"的認識，"仁"的思想的構成部分。

主體將自己的“悳”（得到的“仁”）施行於外，實現爲外得於人的“仁”，於是主體也就成爲學到了“仁”（型於心中之“仁”），實施爲“仁”（愛心所及乃至“仁覆四海”），從而達至於“仁”，得到公認而成德，作爲主體的“人”因此而更崇高。第二句“不型於内謂之行”，是説未學到“仁”，心中無“仁”，不知“仁”爲何物，其“行”也就不及於“仁”。型於内之“行”是自覺的，是經過學習以後將學到的知識付之於行；而不型於内之“行”則是未經過學習，心中茫然的盲目之行。

以上問題既成聚訟，不妨説得更具體、更通俗一些。試舉例：學徒甲拜師學木工，師傅首先教學徒甲做小板凳，言傳身教，學徒甲視之在目，聽之在耳，於是小板凳加工的工藝流程及技巧具型於心，心中有了小板凳以及小板凳與其他木器的聯繫與區别，這一過程就是“小板凳型於内”，然後按心中所得（德）的“型”自己動手做，這就叫“悳之行”。如果學徒甲沒有聽懂看懂師傅所説所做，心中茫然，胡拚亂造，這就叫着“不型於内謂之行”，其結果只能是生產一件廢品。

王中江曾提及，黃俊傑、齋木哲郎等都把仁義禮智聖這五種德之形看成是天賦的東西，把“形於內”的“形”解釋爲在人心中自覺體現、呈現或實現這些先天本性。王中江否定這類看法，有以下論述：

> 如果我們把原來已經“具有”的東西，更多地看成是一種潛在的“可能性”，而不是看成已經“現成的”的東西，只需把它展現出來就可以了，那麼，把“形於内”的“形”解釋爲“形成”就比“呈顯”更可取。實際上，潛在的可能性同實際的現實和形成之間，有很大的距離。我們學會語言是一個很好的例子。小孩一般都先天具有語言方面的潛在能力，但他要學會説話和運用語言，必須通過後天的學習和練習。人在其他方面的能力特別是技能，雖然有先天素質的作用，但同樣都要靠後天的苦練纔能“形成”。[1]

1 王中江：《簡帛〈五行〉篇的“悳”概念》，王中江：《簡帛文明與古代思想世界》，北京：北京大學出版社，2011年，第264～285頁。

王説正確可信。

很顯然,《五行》開篇講的就是人的認識與實踐的關繫問題。龐樸對“不型於内”的相關理解是錯誤的，相當一部分學者在“龐樸説”的基礎上展開研究，錯誤理解被長期沿襲。論者將“型於内”“不型於内”或理解爲内在的“天道之德”以及表現在外的“人道之善”(郭齊勇説)，或概括爲“雙重道德律”(梁濤説)，我本人在《五行》中讀不出這樣的理解。下面還將結合“善”與“德”作進一步説明。

三 “善”與“德”

簡本《五行》簡4~6論“善”與“德”云:“悳之行五，和謂之德，四行和謂之善。善，人道也。悳，天道也。君子亡中心之憂則亡中心之智，亡中心之智則亡中心之悦，亡中心之悦則不安，不安則不樂，不樂則亡悳。”以上凡“智”皆應據帛本讀爲“知”，原簡有闕文，已補出，不另作説明。

學者對“善”與“德”有若干説法，爲避免繁瑣，此不具。

“善”用今天的話説，就是好，是人力所能達到的境界，是對人類已有成就的學習與模仿，是對這種學習與模仿達到一定程度的肯定。有如書法之臨帖、學術之繼承、下棋對於定式之掌握。學得好、掌握得好、執行得好，是所謂“善”。

“德”是在學習人類已有成就與知識的基礎上融進了自己的心得，烙上了自己的烙印，是可以註冊的創造與發明，是區別於他人的唯一性，是以往所沒有的思想與成就。有如書法形成了自己的風格，學術上繼承且創新或開一代風氣，下棋時走出了新着且又被證明是比以往更好的着法等。祖沖之計算出的圓周率代表了當時人類的最高計算水平，被“註冊”爲“祖率”，後人可以超越，然而“祖率”是永生永世不可替代的，這就是“德”。“德”與“善”的差別，試舉例説，體育比賽得到了第一名而成績卻在以往的紀録之内，是“善”，而破紀録則可謂之“德”。破紀録是不容易的，除了自己的實力以外，還有臨場發揮、觀眾的鼓勵、裁判的肯定、場地天氣的影響等。別人做過的動作，自己照着做，可以達至“善”；新創的動作，一旦被認可，是“德”。破紀録是要標上名稱的，有如某某人創造的紀録，新動作也是要注明是某某人的，有如“佳妮騰越”之例。“善”被籠罩在別人的光環之下，而“德”則是以自己的光環去籠罩他人。

簡本《五行》18 ~ 19：“君子之爲善也，有與始，有與終也。君子之爲悳也，有與始，無與終也。金聲而玉振之，有悳者也。”帛傳228 ~ 229行解釋説：“有與始，有與終。言與其體始，與其體終也。”又：“有與始者，言與其體始。無與終者，言舍其體而獨其心也。”對於這一段文字的理解，學者亦有不少分歧意見，不徵引了。

其實《五行》這一章談的也是人的認識活動，原本明白如話。若過分穿鑿，引入若干術語作解讀，反而使人如墮煙霧。試舉例説，孔子教學生，孔子舉一隅，學生亦舉一隅，是“君子之爲善也”；若孔子舉一隅，學生以三隅反，是“君子之爲悳也”。有如學棋，老師教了一着，我學會了這一着，是“有與始”；只學會了這一着，不知變通，是“有與終”。而李昌鎬跟曹熏鉉學棋，學會了老師的着法，是“有與始”；

最終還走出自己的着法，是“無與終”。這些獨創的着法，基於老師之“體”而又舍卻老師之“體”，是“獨其心”，是“君子之爲悳也”。

“金聲而玉振之”涉及很復雜的問題，在此不妨做一簡單説明。其要點有：（1）金、玉皆狀聲之美者，有如今人之“金玉良言”例。（2）辨别出外界“金聲”要求主體有相應的知識準備，“青歌賽”的評委皆爲資深音樂專家或得到公認的演唱家，只有他們纔能從衆多歌手的演唱中識别出“金聲”並給出相應評價。（3）“玉振之”是對主體的進一步要求，主體容納客體之“金聲”並自己做出超越“金聲”的“玉振”。試舉例：音樂愛好者聞新疆民歌而識其金聲之善，絶大多數人愛之唱之，此所謂“有與始，有與終也”；王洛賓亦愛之唱之，然不同於衆人之處則在於以其音樂天賦由原曲譜出新聲，於是有《在那遙遠的地方》《半個月亮爬上來》《可愛的一朵玫瑰花》諸玉音，此所謂“有與始，無與終也”。也正因爲“無與終者，言舍其體而獨其心也”，王洛賓做到了，符合簡文“有悳者”的要求。“人民音樂家”“西部歌王”之盛譽實與“詩聖”“書聖”相類，允爲“玉音，聖也”！

善是人道，德是天道。善受型的制約，一個“型”可以制出成千上萬的“器”，一模一樣，可見“善”既是學習或模仿而得，也可以被人學習或模仿。天道是型而上的，因而達於天道的“德”具有唯一性的品格，在某種意義上是不可重復的，一旦重復，復製者就只能是“器”。不過有必要説明，《五行》所説“悳，天道也”，《説文》解釋“悳”説：“外得於人，内得於己也。從直心。”可見這裏的“天道”是爲人所認識的道。天道、地道、人道都只是“道”之一顯，有如郭店簡《太一生水》所説，太一經水的反輔而成天、成地、成神明、成陰陽、成四時、成滄熱、成濕燥、成歲；天有盈縮（天傾西北），地有損補（地不滿東南），然而太一是唯一的，是絕對的，是永恆的，是完美的，沒有盈縮，沒有損補，也不能化成。人可以認識天道，認識地道，也可以無限接近於道，然而永遠都不可能窮盡道。這是爲人所得（德）的天道與道的差別。《五行》中“悳，天道也”這一命題，主要是從認識論的角度討論爲人所得的道，也只有從知識的角度，纔能給予合理的解釋。

如何纔能有“德”，上引簡本《五行》簡4～6在“善，人道也。悳，天道也”之後接着又說：“君子亡中心之憂則亡中心之智，亡中心之智則亡中心之悦，亡中心之悦則不安，不安則不樂，不樂則亡悳。”

以上《五行》憂—智—悦—安—樂—德，論述的是主體對外界知識的學習、容納從而形成自己心得體會之“德”的過程，這是十分明確的[1]。我心之“德”以及通過實踐（行）而得到承認之“德”與天道相聯繫，但“外得於人，内得於己”之“悳”仍然在人道的範圍，沒有必要劃到“超越層面”。

龐樸云：“德亦可徑稱天道，善則爲人道。”[2]這是由簡文“善，人道也。悳，天道也”引出的解釋語，表面上看是不錯的。但由於龐樸使用“徑稱”一語，有清除條件的嫌疑，因而導致部分學者直接將《五

1 以上憂—智—悦—安—樂—德的具體含義，本書正文第六章有詳解，請參閲。

2 龐樸：《帛書五行篇研究》，濟南：齊魯書社，1988年，第90頁。

行》之“德”等同於“天道”，生出“仁、義、禮、智、聖的和合，是形上之天道”的定性判斷。這是筆者所不能同意的。人群中最優秀者的認識具有上通天道之“德”，此“德”與“天道”本身有天壤之別。

四 《五行》《中庸》之“聖”與“聖人”

《五行》中四行和爲人道，五行和爲天道，天道有“聖”，人道無“聖”，這是《五行》天道與人道的唯一差別。《中庸》也論及天道和聖人，而且表述極爲透徹。《中庸》認爲，“誠”與天道相合，而人通過學習與修行，可以達到與人道相合的“誠之”。《中庸》云：“誠者，天之道也。誠之者，人之道也。誠者，不勉而中，不思而得，從容中道，聖人也。誠之者，擇善而固執之者也。”

什麼是天地之道？《中庸》說：“天地之道，可一言而盡也：其爲物不二，則其生物不測。天地之道：博也，厚也，高也，明也，悠也，久也。”凡天造地成之物，獨一無二，此所謂“爲物不二”。正是因爲自然之物的每一個體都是唯一的，故其物不可窮盡。人世中惟聖人纔能達至其博、厚、高、明、悠、久。一般人依自身“善”之所在，用其所長，長期堅持，守志不移，則可於一藝一得達至“誠之”。有如達至書道之“誠”，可爲書聖；達至棋道之“誠”，可爲棋聖；達至詩歌創作之“誠”，可爲詩聖。聖人因其無所不“誠”，此所以爲聖人。《中庸》中的“誠”近於道之本身，“誠之”僅是道之一顯（學者或稱之爲“分殊”）。

依照《中庸》的思路，人來到這個世界上，本身是天所生之物中的一員。正是因爲天之“誠”爲物不二，所以每一個人都是唯一的（人各有一張屬於自己的面孔）。人如果依照自己稟承的天之“誠”，形成自己的思想，成就自己的事業，其思想、其事業，必然具有“誠”的品格[1]。如果在自己所“善”的某一專業、某一特長、某一技藝達至登峰造極，就達到了《中

1 所謂“誠”的品格，用今天的話來説，就是獨創性。無論是體力勞動還是腦力勞動，人只要真正付出了自己的勞動，付出了自己的心血，其產品就必然烙上自己的印跡。勞動的技藝愈高，思想愈深刻，其產品的個性就愈鮮明。若有所發現，有所發明，前所未有，爲他人所不及，則稱爲“獨創”。

庸》所説的“誠之”境界。可見“誠之”是將“我”本有之“誠”實施爲對象化之“誠”。如果將“誠之”做寬做大，覆蓋所有的領域，前無古人，後無來者，則及於“誠”而成爲“聖人”。反過來，如果他人説過的話，“我”照着説；他人做過的事，“我”照着做；甚至惡意照搬，惡意假冒，則“我”已爲物所化，失卻“我”本有之“誠”。人的自然本性是重視本“我”的，有如人之生子必以“類我”，因爲是“我”的作品[1]。然而從事社會生產活動，卻往往將人家的抄來作爲自己的，豈不哀哉。人的本有之“善”是多方面的，有很多是自己所特有而他人所沒有的，如體格之強健，容貌之傾城，奔跑之速，動作之敏，耳之聰，目之明，鼻之靈，味之辨，歌唱之動聽，舞蹈之優美，書藝之如龍，丹青之傳神，數理之天才，人文之會通，理財之聚斂，實業之宏圖，軍事之韜略，安邦之策，治國之德，平天下之道等。正是因爲人具

1 厲者是例外，《莊子・天地》：“厲之人夜半生子，遽取火而視之，汲汲然惟恐其似己也。”這是因爲人希望所生之子繼承自己的優長，淘汰自己的弱點。

備本有之善，由此纔演化爲孟子心性學説的向内一路[1]；然而人又必須經過後天的學習，纔能由本有之善達到“誠之”，由此而形成荀子重視後天學習的知識論體繫。人要依據本有之善成就自己的事業，既要學習人類已有的知識，又必須認識自己[2]。《中庸》對“善”的論述是極爲深刻而準確的，後世學者在這方面的學説或重其内，或重其外，往往不及《中庸》之博大精深。

《中庸》與《五行》所討論的“善”是一致的，而二者討論“聖”或“聖人”則有表面上的差别。《中庸》中的“聖人”“不勉而中，不思而得，從容中道”，是超越的。而《五行》則論及“聖型於内”，聖與仁、義、禮、智同例；作爲五行和的“悳”是包含聖的，須經憂、知、悦、安、樂而“悳”，這已經

1《孟子·告子上》：“仁義禮智，非由外鑠我也，我固有之也，弗思耳矣。”又：“學問之道無他，求其放心而已矣。”

2 主體同時又是客體，也是認識的對象。人對自己的認識是一輩子的事情，有報導説某一女同志，退休以後學繪畫，學會基本功以後，落筆如神，爲許多畫了一輩子的畫家所驚歎。可知人認識自己與認識客觀外界同等重要。

不同於“不思而得”。“憂”“知”是指人的認識過程；聖須“聞而知之”，即通過感官而知，是有條件的。我個人認爲,《中庸》中的“聖人”是已成之“聖人”，而《五行》中的“聖”則處於過程之中。已成的“聖人”是超越的，而《五行》“形於内”“聞而知之”“聖之思也清”等文例中的“聖”，恐怕還是放在知識論的範圍内來理解比較適合。簡本《五行》中的“聖人”僅只一例，簡26:“聞而知之，聖也。聖人知而道也。”[1]看來《五行》是將“聖”與“聖人”相區别的。有如孔子説他本人非生而知之者，孔子之“聖”也必然經過“型於内”“聞而知之”“聖之思也清”等過程，而且還必須“行”(實踐活動)，得到公認，纔能成“聖”。已經成爲聖人的孔子纔能夠及於型而上，纔是理想的，纔能脱去形骸，纔能真正做到“不勉而中，不思而得，從容中道”。此《中庸》所謂之“聖人”。

1 “聖人知而道”，帛經同，帛傳云：“聖人知天之道。道者，所道也。”關於“天”“而”異文，别有説。

學者研究《五行》，多依《孟子》心性學説作解，本無可厚非，但對《孟子》與《五行》的差别有所忽視，是其不足。如果從思想傳承的角度將孔子比成龍，《中庸》與《五行》可以看做龍的具形，《孟子》與《荀子》則爲龍之一體。《五行》中的“金聲玉振之”是一極生動的認識論命題，至孟子則做出了有一定差别的理解，此爲顯例。筆者不否認，《五行》“型於内”的確保留了人的天生稟賦“型於内”一路，如同《中庸》對“善”的論述。然而郭店簡《語叢一》簡62説：“其生也，亡爲乎其型。”此“型”無疑是指後天之“型”[1]。據此筆者更傾向於將《五行》“型於内”之“型”理解爲人將學習所得具型於内心之“型”。

最近讀到荀東鋒撰文云：“‘形於内’的‘德之行’與‘不形於内’的‘行’在《五行》看來是成德

1 但凡天生者皆具有唯一性，但凡爲“型”者皆可復製，此所以“其生也，亡爲乎其型”。“亡”讀爲“無”。人之生也雖有基因之繼承，但與“型”之復製有本質的區别。倘若子女與父母一模一樣，沒有變異，沒有發展，則違背天理，不堪設想。

的一個整體過程。”[1]本書前已説明，仁、義、禮、智、聖不型於内之“行”乃盲目之行，有如不知定式而行棋，不明工藝流程而製作小板凳。如此盲然之行居然也能成德！對此筆者只能説，由於部分學者未能認識到簡帛《五行》討論的是認識論問題，所做研究已經進入誤區。

1 苟東鋒:《郭店楚簡〈五行〉釋義》,《古籍整理研究學刊》2011年第4期，第35～42頁。

凡　例

1. 凡釋文先簡本（附以竹簡編號），次帛本經，次帛本傳（附以帛書行號），一律嚴格依照原簡、原帛做出釋文。

2. 本書作者所作解説以小一號字次於《五行》經、傳。凡有經無傳者引經爲目，經文有傳者依傳爲目。

3. 凡分章以簡本爲依據。簡本原有章節號，大都可據，偶亦有與句讀相混者。本書一至五章，論者多合爲一章。考慮到仁、義、禮、智、聖各具深意，姑且依原有章節號斷爲五章。帛本章次有不同於簡本者，本書既以帛本次於簡本，則有割裂帛本文序之嫌，爲作彌補，另附帛本釋文，以存其舊。爲便於對照檢索，以帛書行次爲綱，附“帛本行次與簡本章次對照表”。

4. 本書對下列文獻或使用略稱：

《帛書》——國家文物局古文獻研究室《馬王堆漢墓帛書·五行》釋文、注釋。

《郭店》——荊門市博物館《郭店楚墓竹簡》釋文、注釋。

龐《校注》——龐樸《帛書五行篇研究》。

魏《校釋》——魏啟鵬《德行校釋》。

池田《研究》——池田知久《馬王堆漢墓帛書五行研究》。

李零《校讀記》——李零《郭店楚簡校讀記》。

5. 本書使用的幾種符號：

通假字、異體字、歧讀字用（）隨文注明。

衍文、誤字用〈〉隨文注明。如《六德》35：臣宜〈忠〉。

擬補之字置於〔〕中。

⧄表示原簡殘斷之處。

□表示因各種原因造成的闕文，一個□對應一個字。

……表示所闕字數不明。

竹簡編號置於【 】中。

■表示原簡。

●表示原帛。

簡帛《五行》解説

一　仁型於内

五行：息（仁）[1]型[2]於内[3]胃（謂）之悳（德）[4]之行[5]，不型於内胃（謂）之行[6]。■【簡1 ~ 2】

---

1 息（仁）：簡文字形從心，身聲，"仁"之古文。其字帛本作"仁"。《説文》："仁，親也。從人二。古文從千心作。"按"千心"或作"身心"。

2 型：帛經作"刑"，讀爲"形"。"型""形"各有所取，不必通假。《説文》："型，鑄器之法也。"

3 内：《禮記·禮器》"君子曰：無節於内者，觀物弗之察矣"，孔穎達疏："内，猶心也。"

4 悳：從心，直聲，同"德"，其字帛經作"德"。《説文》："悳，外得於人，内得於己也。從直心。"

5 悳之行：具"型"於内，施行於外，即所謂"悳之行"。猶如畫家畫竹，胸有成竹，則筆下之竹栩栩如生。

6 不型於内胃（謂）之行：未具"型"於内（尚未在心中建立起對於客觀外界的理性認識），而施行於外，即所謂"行"。有如初學者畫竹，胸中無竹，臨時模仿，則筆下之竹了無生氣。

〔●仁〕刑（形）〔於内〕胃（謂）之悳（德）之行，不刑（形）於内胃（謂）之行。【帛經170】

簡1“五行”寫於簡端，具有篇題的意義。依據下文可知“五行”謂仁、義、禮、智、聖之行。龐樸讀“𢚩（仁）型於内胃（謂）之悳（德）之行”之“行”如珩，標音爲héng，對“不型於内 胃（謂）之行”句中的“行”標音爲xíng[1]，本書不取是說。《爾雅·釋宮》:“行，道也。”《說文》:“行，人之步趨也。”戶庚切。“行”之字形象四達之路衢。簡4“德之行五”，“行”已包含了認識之過程，而主要指實踐之途徑與過程。簡6“五行皆型於内，而時行之”，後“行”主要指實踐。本篇可謂儒家思想認識學說之綱領，失傳近兩千年而復得於帛書，再現於楚簡，蓋天不欲喪斯文也。

所謂仁，凡言仁必及於人，簡單地說就是愛心，愛心是互動的，可知仁實乃主體與客體愛心的統一。如《墨子》即認爲仁是“體愛”與“兼愛”的統一。《墨經上》:“仁，

1 龐樸:《竹帛〈五行〉篇校注及研究》，臺北：萬卷樓圖書有限公司，2000年，第29～30頁。

體愛也。”《經説上》:“仁，愛己者非爲用己也，不若愛馬著若明。”又《經説上》:“體，若二之一，尺之端也。”是分則爲體，合則爲兼也。“二之一”者，一爲二中之一，此一與彼一相互依存之一。“尺之端”者，尺之一端也。知所謂“體愛”者，愛己必及於愛人，愛人亦必已有愛己，是乃仁也。愛己非爲用己也，則愛人亦非爲舍己也。仁之愛不若愛馬者，愛馬爲己之用，非若仁之愛兼己與人也。愛馬是單向的，愛人是雙向的，因而“仁”又是愛與被愛的統一。《墨子·兼愛上》:“若使天下兼相愛，愛人若愛其身，猶有不孝者乎。”又《兼愛中》:“今人獨知愛其身，不愛人之身，是以不憚舉其身以賊人之身。”又《兼愛下》:“爲人之家若爲其家，夫誰獨擧其家以亂人之家者哉？爲彼猶爲己也。”是兼愛與體愛，皆是仁也，一之而二也。此端與彼端之間的愛心，是乃仁也。《吕氏春秋·愛類》:“仁於他物，不仁於人，不得爲仁。不仁於他物，獨仁於人，猶若爲仁。仁也者，仁乎其類也。”仁乎其類者，推己及於人，仁也。

所謂“仁型於内者”，謂“仁”的思想、觀念有如模型具於内心也。《帛傳》215:“刑（形）者，刑（形）其所思也。酉（柳）下子輕思於翟，路人如斬，酉（柳）下子見其如斬也。路人如流，言其思之刑（形）也。”是“型”謂具外物於内心。

所謂“悳之行”，是指仁的思想、仁的認識、仁的觀念具型於内，施行於外，是内在思想與外在行爲的統一。“悳之行”與“行”的區别點在於，“悳之行”是自覺的，是理性的；而不型於内之“行”則是不自覺的，尚未達到理性的水平。“仁型於内”者，其愛人，其施仁政，是仁的思想之實施，有如周公與孔子之於仁；而“不型於内”者，其仁人惻隱之心僅是一種不自覺的表現，有如齊宣王見牛之觳觫，舍牛而易羊，反而求之，“不得吾心”(《孟子·梁惠王上》)，是乃爲仁之行而非具有仁的思想的“悳之行”。

魏啓鵬《校釋》引《禮記·表記》：“君子恥其服而無其容，恥其有容而無其辭，恥有其辭而無其德，恥其有德而無其行。”[1] 龐樸《校注》：“德行合言之爲一詞，對言之則有内外之别，《周禮·地官·師氏》以三德三行教國子，鄭玄注：‘德行，内外之稱：在心爲德，施之爲行。’”[2]二家所引以明“悳之行”，甚是。不過需要補充説明的是，鄭

1 魏啓鵬：《〈德行〉校釋》，成都：巴蜀書社，1991年，第2頁。

2 龐樸：《帛書五行篇研究》，濟南：齊魯書社，1980年，第44頁。

注“德行”實爲“德、行”，是兩個概念，而非一詞。“德行”確有聯言例，郭店楚簡《窮達以時》14：“窮達以時，德行一也。”《易·節》“君子以制數度，議德行”，疏：“德行，謂人才堪任之優劣。”惟《五行》只言“悳之行”，未有“德行”聯言例。

以上爲“仁型於内”章，概括地説，仁包涵建立在愛的基點上的主體之人與客體之人，此乃《五行》認識學説之基石，亦是我們讀《五行》的關鍵所在。德是認識活動中的價值觀念。行是路徑，在一定程度上具有實踐的意思。

二　義型於内

義[1]型於内胃（謂）之悳（德）之行，不型於内胃（謂）之行。■【簡1～2】

〔義〕刑（形）於内胃（謂）之德之行，〔不刑（形）於内胃（謂）之〕行。【帛經171～172】

---

1 義，帛經“義”字殘，《帛書》釋文作“知”。本釋文對帛經順序謹依簡本做相應調整。

“義型於内胃（謂）之悳（德）之行”，帛經“義”字殘，《帛書》釋文作“知”，與簡本“五行”之序爲仁、義、禮、智、聖不同。由於帛經173行“禮”“聖”同在一行，因而《帛書》釋文“五行”之序爲“仁、知、義、禮、聖”是確實的。本釋文謹依簡本作相應調整。郭沂認爲簡帛兩本五行之次序“皆經後人改竄，皆非原始，而本来的次序应该是聖、知、仁、義、禮”。[1]按郭沂所云“本来的次序”目前並不存在，不足採信。

以上爲“義型於内”章。一般認爲義與利是中國哲學的一對範疇，然而這種説法並不適用於簡本《五行》。簡本《五行》“義”字計10例，而“利”則未之見。茲録有關句例如下：

> 叒（淑）人君子，亓（其）義翟（一）也。（簡16）
> 不柬（簡）不行，不行不義。（簡22）
> 智（知）而行之，義也。（簡27）
> 安而行之，義也。（簡31）

1　郭沂：《郭店竹簡與先秦學術思想》，上海：上海教育出版社，2001年，第148頁。

恴（仁）義，豊（禮）所䌛（由）生也。（簡31）

貴貴，亓（其）峕（等）障（尊）臤（賢），義也。（簡35）

柬，義之方也。（簡40）

剛，義之方也。（簡31）

晳（聞）道而畏者，好義者也。（簡50）

以上句例中的“義”均已包涵“宜”的涵義。郭店簡《五行》與《六德》關繫密切，《六德》通篇未見“義”字，而“宜”字屢見，如：

可（何）胃（謂）六惪（德）？聖智也，恴（仁）宜（義）也，宔（忠）信也。（《六德》1）

恴（仁）与宜（義）䯂（就）壴（矣），宔（忠）与信䯂（就）〔壴（矣）〕。（《六德》2）

非恴（仁）宜（義）者莫之能也。（《六德》4）

㠯（以）宜（義）叓（使）人多宜（義）者，君惪（德）也。（《六德》15）

子也者，會（合）𡐓（惇）長材㠯（以）事上，胃（謂）之宜（義）。上共（恭）下之宜（義），㠯（以）奉社稷，胃（謂）之孝。（《六德》21～22）

急（仁），内也。宜（義），外也。（《六德》26）

門内之紿（治），紉（恩）穿（掩）宜（義），門外之紿（治），宜（義）斬紉（恩）。（《六德》30～31）

急（仁）頪（類）蔏（蒙）而速（束），宜（義）頪（類）弁而絕。（《六德》31）

急（仁）蔏（蒙）而皵，宜（義）弝（強）而柬（簡）。（《六德》32）

父子新（親）生言，君臣宜（義）生言。（《六德》34）

君宜（義），臣宜〈忠〉。（《六德》35）

宜（義）叓（使）宖（忠）。（《六德》35）

父子不新（親），君臣亡（無）宜（義）。（《六德》39）

以上諸例“宜”，整理者皆讀爲“義”。個別例如“君宜臣忠”，“宜”字亦可不破讀。

綜合上引，可知《五行》之“義”源自人之威儀。《説文》：“義，己之威義也。”又：“宜，所安也。”由“威儀”引申出人與人相處、人取之於人最合適的“度”，《五行》

之“義”,《六德》之“宜”多用此義。適度之“義”與義利之“義”的涵義是有差別的。《六德》之宜，兼宜義也。《五行》之義，兼義宜也。《淮南子·謬稱訓》:“義載乎宜之謂君子，宜遺乎義之謂小人。”此詞語之義因時代而有差別也。

《論語·里仁》“子曰君子之於天下也，無適也，無莫也，義之與比”，邢疏：“適，厚也。莫，薄也，比，親也。言君子於天下之人，無擇於富厚與窮薄者，但有義者則與之相親也。”《大戴禮記·曾子立事》:“君子愛日以學，及時以行。難者弗辟，易者弗從，唯義所在。”《五行》“義”之内涵與《里仁》《曾子立事》之“義”一脈相承。“義”在實際生活中往往體現爲一種價值選擇，是綜合考慮政治、經濟、倫理等多種因素做出的最大價值選擇。

三　禮型於内

豊（禮）[1]型於内胃（謂）之悳（德）之行，不型於内胃（謂）之☐〔行〕。■【簡2～3】

1 豊：讀爲“禮”，其字帛經作“禮”。豊本謂行禮之器，禮本指事神之禮儀。

禮刑（形）於内胃（謂）之德之行，不刑（形）於内胃（謂）之行。【帛經172】

以上爲“禮型於内”章。郭店簡之“禮”略可分爲情感之禮、制度之禮、觀念形態之禮。郭店楚簡《性自命出》18：“豊（禮）乍（作）於青（情）或（有）興之也。”22：“茓（笑），豊（禮）之泮（淺）澤也；樂，豊（禮）之深澤也。”《語叢一》31：“豊（禮）因人之情而爲之即（節）旻（文）者也。”《語叢二》1：“情生於眚（性），豊（禮）生於情。”説明禮根源於人之情感。

郭店楚簡《尊德義》13：“斈（教）㠯（以）豊（禮），則民果㠯（以）巠（輕）。”[1]《性自命出》15：“時（詩）箸（書）豊（禮）樂。”又66：“賔（賓）客之豊（禮）”，“祭祀之豊（禮）”。《六德》25：“雚（觀）者（諸）豊（禮）樂。”此制度之禮也。

制度之禮是有等級的，《尊德義》31：“型（刑）不逮（逮）於君子，豊（禮）不逮（逮）於小人。”説明不具備基本的文明條件，則無所謂禮。《語叢一》27：“智（知）

1《管子·水地》：“其民輕果。”

人而句（後）智（知）豊（禮），智（知）豊（禮）而句（後）智（知）行。”知人者，知人之身份等級也，知人之身份等級，而後知禮之所以行也。

《五行》之禮則是觀念形態之“禮”。簡22：“不共（恭）亡（無）豊（禮）。”28：“安而敬之，豊（禮）也。聖智（知），豊（禮）𦎫（樂）之所𦎫（由）生也。”31：“行而敬之，豊（禮）也。𢝊（仁）義，豊（禮）所𦎫（由）生也。”37：“共（恭）而尃（甫）交，豊（禮）也。”50：“𦔻（聞）道而共（恭）者，好豊（禮）者也。”皆其例也。

概括地説，《五行》之“禮”是對於“行”的必然性規定。

四　智型於内

〔智型〕於内胃（謂）之悳（德）之行[1]，不型於内胃（謂）之行。■【簡3】

知刑（形）於内胃（謂）之德之行，不刑（形）於内胃（謂）〔之行〕。【帛經171】

---

1 智：原簡殘，此據下文補，讀爲“知”，其字帛經作“知”。

智，帛本作“知”，帛書整理者讀“知”爲“智”。按帛本“知”以不破讀爲義長。金文、楚繫簡帛凡“知”皆作“智”，《説文》“智，識詞也”，又“知，詞也”，段注認爲“詞”當做“識詞”。又：識，“一曰知也”。是《五行》之“智”謂知識也，即今所謂感知、知覺、認識也。楚簡無“識”字，凡“戠”讀爲“識”或職事之“職”，“志”則謂心志。是凡認識之“識”皆由“智”字涵攝之。

以上爲“智型於内”章。結合郭店簡“智”之用例，可知《五行》之知包括感之知，思之知，知與行，知的對象，知識來源知識傳承以及諸方面的内容。

五　聖型於内

聖型於内胃（謂）之 悳（德）之行，不型於内胃（謂）之悳（德）之行。■【簡3 ~ 4】

聖刑（形）於内〔胃（謂）之 德〕之行，〔不刑（形）於内胃（謂）〕之行。【帛經172 ~ 173】

聖，楚簡聖、聽、聲爲一字。《説文》:“聖，通也。”郭店楚簡《語叢一》94:“備之謂聖。”

“不型於内胃（謂）之悳（德）之行”。整理者注:“據上文文例及帛書本，當作‘不形於内謂之行’，‘德之’二字爲衍文。”按五行之中，惟“聖”具有特殊意義，聖既爲“通”，爲“備”，則聖無論是型於内還是不型於内，皆是德之行。是知“德之”二字並非衍文。

以上爲“聖型於内”章。《五行》之聖謂與天道相通的能力，天道、天德、天常都具有絕對正確的意義，因而《五行》之“聖”已涉及形上真知的問題。

以上一至五章分述仁、義、禮、智、聖，合而爲五行也。《五行》認爲，仁義禮智聖是構成人的認識能力的五種特質。對於不同認識能力的人來説，仁者見仁，智者見智，同樣的道理，義者見義，禮者見禮，聖者見聖。惟正確的認識以及對事物本質的把握必須綜合不同的視角，分析不同的層面，如是則能達到“仁義禮智”相和的“善”的認識水平。若再進一步具有“通”“備”之聖的認識能力，就能達至五行相和的“德”的最高認識境界，從而把握“天道”“天德”“天常”，也就是認識和掌握真理。

康德認爲，關於對象的感覺和表象不僅取決於對象本身的特性，而且還取決於自我的特性。當外界對象作用於“自我”的時候，“自我”就按照自己的特性把獲得的印象加工成爲同對象的本性不同的東西了。《五行》中型於内的仁義禮智聖即作爲主體“自我”的特性。所不同的是，康德認爲：無論如何，我們只能認識對象的“現象”，絕不能認識對象本身，即“自在之物”。而《五行》的作者顯然認爲對象是可知的，這不僅表現在作爲認識層面的“聖”具有“天德”，即人類最優秀的代表具有認知“天”的特質，而且表現在五行相和的“德之行”，爲人與天之間的溝通開闢了“行”的路徑與管道。人確實不能窮盡對於“天”的認識，但人本身是“天”的一員，因而每一個人都具備與“天”的某一點相通的潛能。

不能不説，《五行》對真知的認識與表述是貫通古今的，這是中國人的智慧！外國人的“哲學”、中國人的“思想”都是高深莫測的，但一旦回歸原點，其道理是明白的，其架構是清晰的。越原始，越簡單，越接近本然。當我們走進北京、上海等超大城市，高樓林立，路橋縱横，免不了眼花繚亂，必要時到“美好鄉村”走一走，這裡纔是貼近自然的，可以淨化心靈；當我們走進“哲學”的“思想”殿堂，派別、主義五花八門，一“家”一個說法，令人無所適從，此時不妨讀一讀《易》《老子》《論語》《五行》，這裡纔有對天道人倫的樸素解説，可以讓人頭腦清醒。

六 德之行五

惪（德）之行五，和胃（謂）之惪（德），四行和胃（謂）之善。善，人道也[1]。惪（德），天道也。君子亡审（中）心[2]之惪（憂）[3]則亡审（中）心之智，亡审（中）心之智（知）則亡审（中）心☐〔之說〕，亡审（中）心之〔說則不〕安，〔不〕安則不藥（樂），不藥（樂）則亡惪（德）。■【簡4～6】

1《尊德義》8：“莫不又（有）道安（焉），人道爲近，是㠯（以）君子人道之取先。”《性自命出》41：“所爲衍（道）者四，唯人衍（道）爲可衍（道）也。”《語叢一》36：“易，所㠯（以）會（合）天衍（道）人衍（道）。”

2 审，同“中”，帛經作“中”。《説文》：“中，内也。”

3 惪，從心，頁聲，惪、憂古今字。帛經作“憂”。

德之行五，和胃（謂）之德，四行和胃（謂）之善。善，人道也。德，天道也。君子毋（无）中〔心之〕憂則无中心之知，无中心之知則无中心之説（悦）[1]，无中心之説（悦）則不安，不安則不樂，不樂則无德。〔君子〕无中心之憂則无中心之聖，无中心之聖則无中心之説（悦），无中心之説（悦）則不安，不安則不樂，不樂則〔无〕德。【帛經173 ~ 176】

所謂“和”，謂仁義禮智聖型於内之和。下文“四行和”謂仁義禮智型於内之和。簡31：“和則同，同則善。”當“自我”認識“對象”之時，對“對象”理解與把握的程度取決於“自我”之特質。有如日行於天，知天文者謂地球自轉而有日東升西落的運動，不知天文者謂日繞地而行也。“自我”同時具備“仁義禮智聖”之特質，就可以達至認識的最高水平“德”。若同時具備“仁義禮智”之特質，則只能達至“善”的水平。

關於帛本“四行和謂之善”，龐樸評云：“謂德爲形於

1 説，《説文》“説，説釋也”，段注：“説釋者，開解之意，故爲喜悦。”《説文》無“悦”字，説、悦古今字。

内的仁義禮智聖，意指形而上的天道爲人心所體認（道德信念）及其顯現於人性（道德屬性）；謂善爲不形於内的仁義禮智，意指形而上的天道爲人體所施行（道德實踐）。"[1]按此説未妥，蓋善亦四行即仁義禮智型於内且行於外所及之善也，汪義麗已有詳辨[2]。

又以上帛書“德之行五，和謂之德，四行和謂之善”，魏啓鵬讀作“德之行五和謂之德，四行和謂之善”，云：“‘德之行五’乃倒文，蓋承上文分述‘德之行’而云，與‘德之五行’同。”[3]池田知久讀作“德之行，五和謂之德；四行和，謂之善”。[4]李零讀與魏啓鵬同，但不同意“倒文”之説[5]。按帛書整理者句讀不誤。仁型於内謂之“德之行”，義、禮、智、聖亦然，合而爲“德之行五”。

“善，人道也”，善者，美也，好也。凡人力所能達到

1 龐樸：《帛書五行篇研究》，濟南：齊魯書社，1980年，第90頁。

2 汪義麗：《帛書〈五行篇〉思想研究》，臺北：文化大學中文研究所博士學位論文，1995年6月，第59頁。

3 魏啓鵬：《〈德行〉校釋》，成都：巴蜀書社，1991年，第2頁。

4 池田知久：《郭店楚墓竹簡〈五行〉譯註》，《郭店楚簡思想史的研究》第1卷，東京：東京大學文學部中國思想文化研究室，2000年，第18頁。

5 李零：《郭店楚簡校讀記》，《道家文化研究》第17輯，北京：生活·讀書·新知三聯書店，1999年，第488 ~ 491頁。

的美、好、正確，皆可謂“善”，此所謂“人道”。具備仁義禮智之特質，即達到當時公認的“人道”之“善”的標準。《禮記・喪服四制》:“有恩，有理，有節，有權，取之人情也。恩者仁也，理者義也，節者禮也，權者知也。仁義禮知，人道具矣。”若要再往前走一步，則必須具備大而化之之“聖”，成“德”而及於“真”。《論語・先進》“子張問善人之道，子曰：不踐迹，亦不入於室”，孔安國注：“善人不但循舊迹而已，亦少能創業，亦不入於聖人之奧室。”

“悳（德），天道也”，天道與人道相對而言，作爲思想用語，與“彼岸”“自在之物”（物自體，things in themselves）具有某些相通之處。《五行》中的“聖”也好，“天道”也好，其實是理想的，看得見，卻很難觸摸，須借助“德”而與之相通。若欲由“善”再往前走一步，則普通人很難超越不可知因素（如天時、地利等）的制約；惟聖人能與天道相通，能夠超越人力所及之“善”而達至於“德”。如種莊稼，選種、施肥、灌溉、田間管理、得到豐收，乃人道之“善”。而風調雨順、水旱災害、山崩地裂、滄海桑田，非人力所能掌控，惟聖人能因應時變，趨利避害，長治久安，因而成德。

“君子亡宙（中）心之悳（憂）則亡宙（中）心之智”。

中心猶内心。《説文》：“中，内也。”郭店簡《成之聞之》24“型於中”猶“型於内”。思維之中心猶東漢王充之所謂“心意”，《論衡·薄葬》：“夫論不留精澄意，苟以外效立事是非，信聞見於外，不詮訂於内，是用耳目論，不以心意議也。夫以耳目論，則以虛象爲言，虛象效則以事實爲非是。故是非者不徒耳目，必開心意。”

簡文“憂”與“樂”相對而言，憂謂前識之憂，是對事物發展趨勢的預見性思考，有憂則有應對之策略，有應對策略則有針對性處置，處置得當，則化憂爲樂，所謂變不利因素爲有利因素也。《性自命出》62：“凡悳（憂）患之事谷（欲）抂（任），樂事谷（欲）浚（後）。”“任”是前的意思（另文），悳、樂對舉，可以參看。《孟子·離婁下》：“君子有終身之憂，無一朝之患也。乃若所憂則有之：舜，人也，我，亦人也。舜爲法於天下，可傳於後世，我由未免爲鄉人也，是則可憂也。憂之如何？如舜而已矣。若夫君子所患則亡矣。非仁無爲也，非禮無行也。如有一朝之患，則君子不患矣。”《韓詩外傳》卷一：“孔子曰：君子有三憂。弗知，可無憂與？知而不學，可無憂與？學而不行，可無憂與？《詩》曰：未見君子，憂心惙惙。”此憂亦前識之憂也。《論語·子罕》“仁者不憂”，又《顏淵》“君子不憂不懼……内省不疚，夫何憂何懼”，疏云：“内省不疚，故不憂也。”此“憂”乃有所歉疚之憂，與《五行》及上引《孟子》《韓詩外傳》中的前識之“憂”涵義不同。

“宙（中）心之智”謂思維預事之知。人在認識、了解自然規律的基礎上，能預知事物之發展。《孟子·離婁下》“所惡於智者，爲其鑿也。如智者若禹之行水也，則無惡於智矣。禹之行水也，行其所無事也。如智者亦行其所無事，則智亦大矣。天之高也，星辰之遠也，苟求其故，千歲之日至，可坐而至也”，朱熹集注：“天下之理，本皆順利。小智之人，務爲穿鑿，所以失之。禹之行水，則因其自然之勢而導之，未嘗以私智穿鑿而有所事，是以水得其潤下之性而不害也。”按：朱注稍有所失。無事者，謂洪水尚未生事也。今人於冬季水落而興修水利，是其例也。及至洪水滔滔，疲於奔命，非所以行水之時也。日至者，古代天文曆法之學很早就能準確推知二分二至，蓋得日月星辰之“故”，可坐而致千歲之夏至與冬至也。“故”者，所以然也。

“中心之説”謂思維與對象有所會通而產生的快感。郭店簡《性自命出》1：“凡人唯（雖）又（有）眚（性），心亡奠（定）志。峕（待）勿（物）而句（後）复（作），峕（待）兑（悦）而句（後）行，峕（待）習而句（後）奠（定）。”説明心有所悦，然後有所行。《性自命出》10 ~ 12：“凡數（動）眚（性）者，勿（物）也；逆眚（性）者，兑（説）也；交眚（性）者，古（故）也；萬（勵）眚（性）者，宜（義）也；出眚（性）者，褺（勢）也；羕（養）眚（性）者，習也；長眚（性）者，衍（道）也。凡見者之胃（謂）勿（物），忞（快）於吕（己）者之胃（謂）兑（説）。”《韓詩外傳》卷九：“見色而悦謂之逆。”外物動而快於我心，此心之所以悦也。

“无中心之説（悦）則不安”，《説文》：“定，安也。”郭店簡“定”字僅《老子》“清清爲天下定”“萬物將自定”計二例，而“安”字則多見，且多可釋爲“定”。《五行》13：“清則誶（察），誶（察）則安。”作爲思想認識活動之“安”，是指經過分析（清）和判斷（察），而達至對事物的確定性認識。“无中心之説（悦）則不安”，思維對外物未有相通，則不會對外物產生確定性的認識。《五行》之“安”是指認識活動中主體對客體的接納，“説”是接納的必要條件。有如學生學習，有的課程他喜歡，有的課程他不喜歡，是有所選擇的。倘若學生對某門課程有興趣，老師教之得當，則學生接納該課程的内容，“安”於心中，在心中生根，構成他的知識。倘若學生對某門課程不感興趣，再加上老師授課枯燥無味，則學生不接納該課程的内容，有關知識就不能“安”於心中。凡是從事教育工作的都知道，在教與學的互動中，學生的興趣是十分關鍵的。遇到對某門課程“无中心之説（悦）”的學生，無論多優秀的老師都會感到無奈。可知“无中心之説（悦）則不安”作爲否定判斷所闡述的道理，是既深刻而又準確的。

“不安則不樂”，樂與“憂”相對而言，“憂”既爲預前之憂，則“樂”謂思後之樂也。經史思維之樂與音樂之樂不甚别，郭店簡的用例尤其如此。《性自命出》27：“奠（鄭）霻（衛）之樂”，“樂”謂音樂；32：“凡樂，思而句（後）忻”，“樂”謂思維會通之樂也。音樂的作用在於陶冶人的性情，使人之情感得以升華；思維之“樂”則是思有所悟，思有所通，思有所得而使思想得到升華，從而達至新的認識水平。有如同一課堂聽課的學生，聽懂了的會有領會於心的表情；而不感興趣，沒有聽懂的學生則毫無表情。更有甚者，有的學生會呼呼大睡，有的學生會起身離開課堂，此乃“不安則不樂”也。郭店簡《語叢三》54：“樂，備悳（德）者之所樂也。”樂與德是互動的，思維之“樂”是德形成的條件，此所謂“不樂則亡德”；而德之積累，又可以得到更高層次的思維之樂，此所謂“樂，備德者之所樂也”。

《論語·雍也》：“子曰：知之者不如好之者，好之者不如樂之者。”“好”指興趣，“樂”者，樂其有得於己也。有所發現，有所發明，得到成功，有成就感，是所謂“樂”也。

以上爲“德之行五”章。《五行》認爲：人的認識能力所及可以劃分爲“天道”和“人道”，主體同時具備“仁義禮知聖”的特質，即達至“天道”；主體同時具備“仁義禮知”的特質，即達至人力所及的“人道”。認識具有預前之“憂”的能動性，沒有預事之憂的取向，就不會有了解、應對外物之“知”；沒有對外物的認知，就不會有心與外物相通之“悦”；沒有與外物相通之“悦”，就不會有在思維中準確地再現與把握外物之“安”；沒有思維之“安”，就沒有思想認識水平的升華之“樂”；沒有思想之“樂”，就沒有認識能力的積累之“德”。此類否定性命題似亦可逆推，例如由“不樂則亡德”可以推出其逆命題“沒有認識能力的積累之德，就不會有相應的認識之樂”。《莊子·秋水》：“莊子與惠子遊於濠梁之上，莊子曰：鯈魚出游從容，是魚之樂也。惠子曰：子非魚，安知魚之樂？莊子曰：子非我，安知我不知魚之樂？”莊子已有“逍遙游”之“德”，此所以知鯈魚之出遊之樂也；由鯈魚之“出游從容”，益知人之不受拘牽之可貴，此“逍遙”之“德”又有增進之積也。惠子所以不知鯈魚之出游之樂者，其主體之特質與莊子有所不同也。

“不樂則亡德”後，帛書本較簡本多出一段：

〔君子〕无中心之憂則无中心之聖，无中心之聖則无中心之説（悦），无中心之説（悦）則不安，不安則不樂，不樂則〔無〕德。

此一重要的文字之異，涉及簡本與帛書本對“聖”的不同處置，筆者擬另文討論。

七　五行皆型于内

五行皆型于内[1]，而時行之[2]，胃（謂）之君〔子〕。士有志於君子道胃（謂）之時（時）士[3]。善弗爲亡（無）近[4]，悳（德）弗之不城（成），智（知）弗思不得。思不清不譁（察）[5]，思不倀（長）〔不得，思不翌（輕）〕不型[6]，不型不安，不安不藥（樂），不藥（樂）

1 型于内，帛經作“刑于闕内”。“于”字帛書整理者、龐樸《校注》隸作“於”，與原文不合。此類手民之誤於人情可以不説，於校勘則不能不説。

2 而時行之，帛經作“時行之”。

3 時，整理者讀爲“志”。其字帛經作“之”，整理者讀爲“志”。按同簡已有“志”字，讀“時”爲“志”是缺乏根據的。包山簡212“時”，209作“時”。“時”字既不見於後世字書，其義項或歸併於“時”，此文字傳承有分有合之例。

4 亡，帛經作“无”。

5 思不清不譁，帛經作“思睛”，脱“不”字。帛書整理者讀“睛”爲“精”，未妥。當以簡本“清”爲正。譁，帛本作“察”。譁从丵聲，《説文》丵讀若“浞”，士角切，上古音在屋部崇紐，察在月部初紐，譁、察聲紐近。

6 倀，讀爲“長”（丁丈反），帛本作“長”。楚帛書甲4“倀（長）曰青□槫（榦）”，九店楚簡《日書》36、38、46“倀子”，郭店楚簡《緇衣》6“君倀”、11“倀民者”，倀皆讀如“長”之上聲。

亡（無）悳（德）。■【簡6～9】

五行皆刑（形）于闕（厥）内，時行之，胃（謂）之君子。士有志於君子道胃（謂）之之（時）士。●善弗爲无近，得（德）弗之不成，知弗思不得。思〔不〕睛（清）不察，思不長不得，思不輕[1]不刑（形）。不刑（形）則不安，不安〔則〕不樂，不樂則无德。【帛經176～178】

“時行之”，第二十一章帛傳281：“時者，和也。”《説文》：“和，相應也。”《禮記·禮器》：“禮，時爲大，順次之，體次之，宜次之，稱次之。堯授舜，舜授禹，湯放桀，武王伐紂，時也。”古代依時令之不同而有相應的政治、軍事、祭祀、農事等，如《禮記·月令》所表述。是“時行之”者，型於内心之仁義禮知聖依客觀實際而行之於外也。

---

1 整理者注：“疑讀爲徑，直也，捷速也。”龐樸引帛本215“酉下子輕思於翟”云：“翟，羽也，則輕乃輕重之輕可知。”龐説是也。參龐樸：《帛書五行篇研究》，濟南：齊魯書社，1980年，第46頁。

“時士”，善士也。《詩・小雅・頍弁》“爾殽既時”，毛傳：“時，善也。”《廣雅・釋詁》：“時，善也。”王念孫疏證：“維其時矣，猶言維其嘉矣也；威儀孔時，猶言飲酒孔嘉，維其令儀也。他若孔惠孔時，以奏爾時，胡臭亶時，及《士冠禮》之嘉薦亶時，皆謂善也。”

“悳（德）弗之不城（成）”，之，帛書及郭店簡的整理者皆讀爲“志”，誤。“弗之”既與上文“弗爲”對舉，是不當破讀。蓋不爲善，則不近善；不行德，則不成德。簡27：“行之而時，悳（德）也。”《語叢二》52：“亓（其）所之同，丌（其）行者異。”之、行互文。“之”者，往也，行也。

“思不清不諬（察）”，帛書《老子》乙231上：“濁而靜之徐清。”《莊子・刻意》：“水之性不雜則清。”《説文》“清，朖也，澂水之皃”，段注：“朖者，明也，澂而後明。”朖與朗同。思維之“清”是指分析判斷力，好比澂濁水而離析水之與泥沙。《荀子・解蔽》：“故人心譬如槃水，正錯而勿動，則湛濁在下，而清明在上，則足以見鬚眉而察理矣。微風過之，湛濁動乎下，清明亂於上，則不可得大形之正也。心亦如是矣。故導之以理，養之以清，物莫之傾，則足以定是非決嫌疑矣。”“大形之正”猶簡文之“型”也。清而“察理”，與簡文“思不清不譯（察）”如出一轍。

論者多讀帛本“晴”爲“精”，龐樸引《孔叢子·記義》：“人君之慮者多，多慮則意不精。以不精之意，察難知之人，宜其有失。”[1]池田知久又有以下徵引，《管子·心術下》：“能毋問於人，而自得之於已乎？故曰：思之。思之不得，鬼神教之。非鬼神之力也，其精氣之極也。一氣能變，曰精。一事能變，曰智。”又《內業》：“能勿求諸人，而得之已乎？思之思之，又重思之。思之而不通，鬼神將通之。非鬼神之力也，精氣之極也。”又《心術上》：“靜則精，精則獨立矣。獨則明，明則神矣。神者，至貴也。”[2]按簡本“清”之例又有簡9：“不悬（仁），思不能清”，10：“悬（仁）之思也清”等，無論從辭例之解釋還是據異文作分析，都可以確認帛本“精”應讀爲“清”。

“思不倀（長）〔不得〕”。長者，增也，益也，積也。《國語·楚語下》“昔瓦唯長舊怨，以敗於柏擧”，韋昭注：

1 龐樸：《帛書五行篇研究》，濟南：齊魯書社，1980年，第46頁。

2 池田知久：《馬王堆漢墓帛書五行研究》，東京：汲古書院，1993年，第184頁。

“長猶積也。”思之積者，積少爲多，積分爲合，積一曲而見江河，然後得外物於心矣。或釋“長”爲久[1]，大謬。思之得或不得與思之時間長短並不存在必然聯繫，久思苦思者未必得，而思之敏捷者未必不得。弈者“長考出臭棋”，是其例也。

“思不倀”後，原簡脱“不得，思不翌”五字。下文第九章“仁之思也清”，第十章“智之思也倀”，第十一章“聖之思也翌”，據此應補爲“思不倀（長）不得，思不翌不型”。帛本作“思不長不得，思不輕不形”。

以上爲“五行皆型於内”章。帛本自“善弗爲无近”以下爲另一章，玆從簡本。

仁義禮智聖皆型於内之“君子”，在《五行》認識學説中是指具備一定認識能力的人，有等級標準的意味。“士”若欲得善成德，就必須“有志於君子道”，使自己具備“仁義禮智聖”的特質。得善必須爲善，成德必須行德，同樣

1 魏啓鵬：《〈德行〉校釋》，成都：巴蜀書社，1991年，第6頁。郭沂云：“如果思之不長久，就不會真正得到它們。”參郭沂：《郭店竹簡與先秦學術思想》，上海：上海教育出版社，2001年，第154頁。

的道理，士若要得到“智”的特質，就必須經過“思”的過程。經分析判斷之思才能明察，經積累增益之思纔能有得，經抽象之思纔能具型於內心，從而將客觀納入主觀，然後纔能由“安”而“樂”而成“德”。

本章所論士之成德，是指士具有君子那樣的認識能力。《荀子·王制》：“天地生君子，君子理天地。君子者，天地之參也。”龐樸云：“士與君子，道德修養之兩種境界。《荀子·哀公》：‘人有五儀：有庸人，有士，有君子，有賢人，有大聖。’又《荀子·修身》：‘好法而行，士也；篤志而體，君子也；齊明而不竭，聖人也。’”[1]《五行》將人的社會等級劃分移植爲主體的能力分類，在當時的歷史背景下可能是正確的。今天我們讀《五行》，則有必要明白其中存在的缺陷，輪扁斲輪，對工藝所達到的認識水平非“君子”所能及。孔子不懂稼穡，是聖人亦有不如農夫之處。由此看來，《五行》對認識主體的層級劃分是不完整的，帶有深深的時代烙印。

從結構上說，本章“思不清不察，思不長不得，思不輕不型”三句乃爲下文張本，第八章論仁、智、聖與思的

---

1 龐樸：《帛書五行篇研究》，濟南：齊魯書社，1980年，第46頁。

關繫，第九章“仁之思也清”，第十章“知之思也長”，第十一章“聖之思也輕”，是本章論題的逐次展開。

八 不仁思不能清

不悬（仁），思不能清；不智（知），思不能倀（長）。不悬（仁）不智（知），未見君子，悳（憂）心不能惙惙[1]；既見君子，心不能兌（説）[2]。亦既見祟（止）[3]，亦既訽（覯）祟（止），我心則☒〔兌（説）〕[4]。此之胃（謂）〔也。不〕悬（仁），思不能清。不聖，思不能翌（輕）[5]。不悬（仁）不聖，未見君子，悳（憂）

---

1 悳，同“憂”。《説文》：“悳，愁也。”惙惙，帛本作“祋祋”，祋讀爲“惙”。

2 兌，讀爲“説”，帛經作“説”。

3 祟，同“止”，帛經作“之”，《詩·召南·草蟲》作“止”。

4 亦既見祟（止），亦既訽（覯）祟（止），我心則〔兌（説）〕：訽，帛本作“鈎”，皆讀爲“覯”。帛本作“●詩曰：‘未見君子，憂心惙惙。亦既見之，亦既覯之，我心則悦’”，較簡本所引多出二句。其中“詩曰”之上“●”符號，其作用相當於引號，類似符號用法亦見於曾侯乙簡、睡虎地秦簡等。

5 翌，同“輕”，帛本作“輕”。

心不能�

心不能忩（忡）忩（忡）[1]；既見君子，心不能隆（降）[2]。■【簡9 ~ 12】

不仁，思不能睛（清）；不知，思不能長。不仁不知[3]，未見君子，憂心不能〔衩（惙）衩（惙）；既見君子，心不〕能説（悦）。●詩曰："未見君子，憂心衩（惙）衩（惙）。亦既見之，亦既鉤（覯）之，我〔心則〕説（悦）。此〔之謂也〕。不仁，〔思〕不能睛（清）；不聖，思不能輕。不仁不聖，未見君子，憂心〔不能忡忡〕；既見君子，心不〔能降〕。【帛經178 ~ 181】

"不急（仁），思不能清"，"仁"不僅在《五行》中居於首要地位，而且在"思"的前提條件"仁、智""仁、

1 忩忩，連語，同"忡忡"。《詩·召南·草蟲》"未見君子，憂心忡忡"，鄭箋："在塗而憂，憂不當君子，無以寧父母，故心衝衝然。"此用聲訓釋"忡忡"。又作"爞爞"，《楚辭·九歌·東皇太一》："思夫君兮太息，極勞心兮爞爞。"

2 隆，"降"之異構。

3 "不仁不知"後，整理者點句號，誤。

聖”中，亦居於首要地位。在《五行》認識論學説中，“仁”是由人與人的關繫而體現的主體與客體的關繫，參第一章解説。

“未見君子，悳（憂）心不能惙惙”，《詩·召南·草蟲》“未見君子，憂心惙惙”，毛傳：“惙惙，憂也。”《五行》引此詩反其意而用之。或謂“此殆爲古佚詩”[1]，大謬。上文既云“士有志於君子道，胃（謂）之時（時）士”，則士未見君子，當憂己不得君子道而爲之惙惙也；今“憂心不能惙惙”者，“不仁不知”之故也。魏啓鵬云：“既云憂心，又言不能惙惙，自相抵牾，義不可通，此文宜在‘能’下斷句，作‘憂心不能，惙惙！’‘不能’猶言不耐，不任……意爲憂心沉重得令人難以負擔，下文復以‘惙惙’渲染之，極言其憂也重，人何以堪。”[2]按：是説不可信。“不仁不知”是一種麻木狀態，“未見君子，悳（憂）心不能惙惙”是對這種麻木狀態的舉例説明。人皆有起碼之仁，起碼之知，正常狀態下，未見君子，應是“憂心惙惙”，而

1 魏啓鵬：《〈德行〉校釋》，成都：巴蜀書社，1991年，第7頁。魏啟鵬：《簡帛文獻〈五行〉箋證》，北京：中華書局，2005年，第67頁。

2 魏啟鵬：《簡帛文獻〈五行〉箋證》，北京：中華書局，2005年，第9～10頁。

麻木之人不仁不知，此所以“未見君子，悳（憂）心不能惙惙”。魏説以自己的錯誤理解指責簡本原文“自相抵牾，義不可通”，是不可以的。

“既見君子，心不能兑（説）”，人之不仁不知者，因不知其何以爲君子，即使見到君子，心亦不能悦之，蓋不具備此識力，有眼不識泰山。孔子戹陳蔡，去曹適宋，獨立鄭東門，“纍纍若喪家之狗”，衛靈公“色不在孔子”（《史記·孔子世家》），是其例也。

“未見君子，悳（憂）心不能忩（忡）忩（忡）；既見君子，心不能隆（降）”，此亦暗引詩，反其意而用之。《詩·召南·草蟲》“未見君子，憂心忡忡。亦既見止，亦既覯止，我心則降”，“忡忡”者，憂也。降，下也。鄭箋：“云未見君子者，謂在塗時也。在塗而憂，憂不當君子，無以寧父母，故心衝衝然。”又：“始者憂於不當，今君子待己以禮，庶自此可以寧父母，故心下也。”而不識君子者，有如茫然學藝者未見到名師，心不能憂；既見名師，又不知名師高明之所在，不能安心學習，蓋“不仁不知”之故也。

以上爲“不仁思不能清”章。不仁則不具備分析判斷的能力，不知則思維無所長進。不仁不知，見不到君子，不知憂已不得君子之道；見到君子，亦不知愛君子道而使自己得到進益。

不仁則不知以己心推知親情，不聖則不具備由此而輕思於彼的能力。不仁不聖，好比女子出嫁行至途中，感情麻木，不能想象出父母還在家中爲自己擔心；已婚而見到夫君，亦想不到應告慰父母，從而使自己放下心來（此依鄭箋作解）。

《草蟲》一詩，寫女子未嫁之時，因未見到夫君，不知夫君爲何等模樣而憂心忡忡；既嫁已知夫君之人品，因而放下心來。情節原本很簡單，但其中包含的從未見到既見，從不知到已知的過程，則具有典型意義。《詩·小雅·出車》：“喓喓草蟲，趯趯阜螽。未見君子，憂心忡忡。既見君子，我心則降。”看來是引《草蟲》之成句。如果這一推測不錯，那麽可以説明當時人對《草蟲》一詩，就是從女子對丈夫從不知到知的角度理解其主題的。

《五行》引《草蟲》，則賦予女子对丈夫由不知到已知的過程以認識論的普遍意義，並進一步説明在這一過程中，仁就是推己心於彼心的思之清，聖就是由此及彼之輕思。若不具備仁、聖，則不能完成由不知到知的認識過程。應該説，《五行》引《草蟲》解釋仁、聖的認識論意義已是通俗易懂。後人難以理解，僅僅是因爲這一解釋的歷史背景已成爲過去而已。

本章“不仁不知”與第十五章“不知不仁”具有辯證關繫，詳參第十五章解説。

就竹簡文字書寫風格分析，《五行》第10號簡與其餘諸簡大異其趣，具體原因尚不清楚。第11號簡由拼合而成，其上部殘簡“此之謂”三字與該簡下部文字不類，似不能拼合爲一簡，謹誌以存疑。

九　仁之思也清

悬（仁）之思也清，清則詧（察），詧（察）則安[1]，安則恩（溫）[2]，恩（溫）則兑（説），兑（説）則

1 安，《爾雅·釋詁》：“安，定也。”安、定互訓，《説文》：“定，安也。”

2 恩，讀爲“溫”。《説文》“𥁕，仁也”，段注：“凡云溫和、溫柔、溫暖者，皆當作此字，溫行而𥁕廢矣。”

弴（戚）[1]，弴（戚）則新（親），新（親）則悉（愛）[2]，悉（愛）則玉色，玉色則型，型則悬（仁）。■【簡12 ~ 13】

仁之思也睛（清），睛（清）則察，察則安，安則溫，溫則[3]〔説（悦），説（悦）則戚，戚則親，親則〕憂〈愛〉，憂〈愛〉[4]則王色，王色則刑（形），刑（形）則仁。【帛經181 ~ 182】

帛經"〔親則〕憂〈愛〉，憂〈愛〉則王色"，"憂"字二例，《帛書》均在"憂"前補"不"字，後"憂"字所在文句釋文爲"〔不〕憂則王色"。原帛"憂"下有重文符，則《帛書》認爲"憂"前脱"不"。已有多位學者採納整理者的意見。筆者認爲"憂"乃"愛"之誤字。從文本整理

1 戚，近也。

2 悉，同"愛"。帛本誤作"憂"。郭店楚簡《尊德義》33："不愛則不親。"

3 "溫則"以下，帛本殘失約七字，酌補"説=則戚=則親=則"，讀作：溫則"説，説則戚，戚則親，親則"愛。

4 "憂"字二例，《帛書》均在"憂"前補"不"字，原帛"憂"下有重文符，則《帛書》認爲"憂"前脱"不ミ"。

的角度説,《帛書》之補字與筆者之“誤字”説均不能令人滿意。但在這裏有必要考慮以下兩個因素：其一，簡本作“悉（愛）”，帛書整理者當初作補字處理時並未見到簡本。其二，“不憂則王色”很難講通。第六章帛經173 ~ 174：“君子毋（无）中〔心之〕憂則无中心之知，无中心之知則无中心之説（悦），无中心之説（悦）則不安，不安則不樂，不樂則无德。”“無中心之憂”與整理者所補“不憂”是一個意思，帛經既然能從“毋（無）中〔心之〕憂”推至“无德”，則《五行》中已不可能容下“不憂則王色”這樣的文句。《孟子·離婁下》：“君子有終身之憂，無一朝之患也。”亦可作爲參考。綜合以上分析，筆者暫定上引帛經文句中的憂爲“愛”字之誤。

“愛則玉色”，玉色帛本作“王色”。整理者注：“王字是玉字誤寫。《禮記·玉藻》有‘玉色’。”《尚書·大傳》：“在内者皆玉色，在外者皆金聲。”《韓詩外傳》卷一：“古者天子……入則撞蕤賓以治容貌，容貌得則顔色齊，顔色齊則肌膚安。蕤賓有聲，鵠震馬鳴，及倮介之蟲，無不延頸以聽，在内者皆玉色，在外者皆金聲。”

按：《説文》“色，顔气也”，段注：“顔者，两眉之閒也。心達於气，气達於眉閒，是之謂色。顏色與心若合符卪，故其字從人卪。”《禮記·祭義》：“孝子之有深愛者必有和氣，有和氣者必有愉色，有愉色則必有婉容。”郭店簡《成之聞之》24：“型於中，發於色。”《孟子·盡心上》：“仁義禮智根於心，其生色也，睟然見於面。”是玉色見在顏面，實指内心之溫潤也。

帛經“王色”未必爲“玉色”之誤，參第十一章帛傳第218行“玉音”解說。

簡文大意是：具有“仁”的特質的“思”纔能清晰，清晰纔能明察，有了對客觀外界的明察纔能有確定性的認識，認識明確則心中溫潤，心中溫潤就喜歡，有了喜歡就會有相近，有了相近就會有相親，有了相親就會有相愛，既已愛矣，則有玉色，有玉色則能夠將外界之“仁”型於内心，外界之“仁”既型於我心矣，則與我心之“仁”融爲一體。

以上爲“仁之思也清”章。簡單地說，主體具有仁之特質則愛人。“愛”是互動的，愛人具型於内心，則成仁。由仁到仁不是文字遊戲，是以主體之仁去認識人，去影響人，將客體之仁容納爲主體之仁的内容，從而使主體之仁更豐富，更崇高。

第十六章、二十三章與本章具有内在聯繫，請參閱。

十　智之思也長

智（知）之思也倀（長），倀（長）則得，得則不亡（忘）[1]，不亡（忘）則明，明則見臤（賢）人[2]，見臤（賢）人則玉色，玉色則型，型則智（知）。■【簡14 ~ 15】

知之思也長，〔長〕則得，得則不忘，不忘則明，明則〔見賢人，見賢人則王色，王色〕則刑（形）[3]，刑（形）則知。【帛經182 ~ 183】

長，參簡6“思不倀（長）〔不得〕”。長者，增也，益

1 亡：讀爲“忘”，其字帛經作“忘”。簡文“亡”既指視而不見之盲，亦指聽而不聞之聾。“不忘則明”，忘謂視覺之盲也；簡15“不忘則聰”，忘謂聽覺之聾也。

2 臤，“賢”之古文。《説文》：“賢，多才也。”

3 “明則”以下，帛本殘失約八字，據簡本應補作“見=賢=人=則玉=色”。因帛本上文作“王色”，此亦補作“王色”。

也，積也。

“見臤（賢）人則玉色”，《説文》：“賢，多才也。”據郭店簡“賢”之用例，大凡地位相對較低，道德較高，纔能較著者爲“賢人”。據《唐虞之道》所述，舜之未遇堯也，耕於歷山，陶拍於河浦，“雖賢弗行矣”；遇堯，“立而爲天子”。上博藏二《容成氏》10：“𠬝（以）求臤（賢）者而壤（讓）焉。堯𠬝（以）天下壤（讓）於臤（賢）者，天下之臤（賢）者莫之能受也。万邦之君皆𠬝（以）亓（其）邦壤（讓）於臤（賢）。”可見“見賢人則玉色”是很難達到的認識境界。

以上爲“智之思也長”章。賢人與聖人、君子的不同之處在於，賢人的評價尺度是相對的，未若聖人、君子那樣可以明確識別。“見賢人則玉色”，接下來就得尊賢、讓賢，有如堯之讓天子位予舜。由見君子而悦到見賢人而玉色，從文章的結構説，是論述的逐層推進；從認識的角度説，是由淺入深；從主體的角度説，是對主體資質的更高要求。

十一　聖之思也輕

聖之思也翌（輕），翌（輕）則型，型則不亡（忘），不亡（忘）則聣（聰）[1]，聣（聰）則𦖞（聞）[2]君子道，𦖞（聞）君子道則玉音，玉音則型，型則聖。■【簡15 ~ 16】

●聖之思也巠（輕），巠（輕）則刑（形），刑（形）則不忘，不忘則悤（聰），悤（聰）則聞君子道，聞君子道則王言，王言則〔刑（形），刑（形）則〕聖。【帛經183 ~ 184】

●"聖之思也輕"。思也者，思天也。輕者，尚矣。

"輕則刑（形）"。刑（形）者，刑（形）亓（其）所思也。酉下子[3]輕思於翟，路人如斬，酉下子見其如

1 聣，帛經作"悤"，傳作"嗖"，並讀爲"聰"。

2 𦖞，"聞"之古文，帛經、傳作"聞"。

3 酉下子：整理者注："酉、柳音近，酉下子疑即柳下惠。《論語·微子》：'柳下惠爲士師。'皇侃《疏》：'柳下惠，展禽也。士師，獄官也。'"

斬也。路人如流，言其思之刑（形）也。

“刑（形）則不忘”。不忘者，不忘其所□也[1]，聖之結於心者也。

“不忘則嘍（聰）”。嘍（聰）者，聖之藏於耳者也，猶孔子之聞輕者之鼓而得夏之盧也。

“嘍（聰）則聞君子道”。道者，天道也，聞君子道之志耳而知之也。

“聞君子道則〔玉音〕[2]”。□□□□□□而美者也，聖者聞志耳而知亓（其）所以爲□者也[3]。

“玉音則〔刑（形）〕”[4]。□□□□□□□□□□□聖。【帛傳215 ~ 220】

“思也者，思天也”。“思”承帛經謂輕思。天，形上之“天”，與天道類。“思天”猶今言抽象思維。

---

1 “不忘其所”後，帛本殘失一字。龐樸《校注》補爲“思”字，魏啓鵬《校釋》補爲“志”字。按闕之可也。

2〔玉音〕，參下文“玉音則〔刑（形）〕”。

3 所以爲□者也：空圍似可補爲“美”字。

4 “玉音則”後闕字，整理者補爲“聖”字，龐樸依帛經補爲“形”字。龐説是也。參龐樸：《帛書五行篇研究》，濟南：齊魯書社，1980年，第51頁。

“輕者，尚矣”。簡本“𦏷”，帛經作“垩”，帛傳作“輕”，釋爲“尚”。尚者上也，上者高也，昇也。思之輕而上，蓋謂思維由此及彼，由表及裏，由現象而及於本質之上昇。廖名春讀“輕”爲“經”，讀“尚”爲“常”[1]。本書不取是説。

“輕思於翟”，未詳。龐樸云：“翟，羽也，《詩·邶風·簡兮》‘右手秉翟’箋（信芳按：箋應作“傳”）。據此，知輕思乃思輕之倒誤。”[2]按：尚不能排除“翟”爲地名之可能，若“翟”爲地名，則“輕思”不必倒作“思輕”。魯文公十一年，“魯敗翟於鹹”（《史記·魯世家》），“翟”字《左傳》作“狄”。魏啓鵬讀“於翟”爲“化翟”，“化施變易也”[3]，謹録以存參。帛書《德聖》455：“聖人之知知天，其事化翟。”亦未詳。

“路人如斬”“路人如流”，整理者注：“斬流皆喻行止之態，《商君書·賞刑》述晉文公將欲明刑以親百姓，‘三軍之士，止之如斬足，行之如流水。三軍之士無敢犯禁

1 廖名春：《郭店楚簡〈五行〉篇校釋札記》，廖名春：《出土簡帛叢考》，武漢：湖北教育出版社，2004年，第110～113頁。

2 龐樸：《帛書五行篇研究》，濟南：齊魯書社，1980年，第50頁。

3 魏啓鵬：《〈德行〉校釋》，成都：巴蜀書社，1991年，第26頁。

者’。亦以斬流對言。又此句下疑脱‘酉下子見其如流也’一句。”按：帛傳之意，應是柳下子輕思於翟，形成“路人如斬”“路人如流”的判斷，有如“斬”“流”呈現在眼前，具形於内心。見其如斬與思之形互文，不必認爲有脱文。言“見其如斬”已是思之形也；言“思之形”則已在思維中呈現其“如流”也。魏啓鵬讀路爲“絡”。“路人如斬，謂累人皆從柳下惠之斷獄也。”又：“路人如流，即謂累人亦從柳下惠之刑德教化也。”[1]按帛傳引柳下惠之例，是爲了證明聖之思“輕則形”的道理，很難與斷獄、教化聯繫起來。

“不忘則嘍（聰）”，《説文》：“聰，察也。”也就是一種聽而明察的功夫。《論語·爲政》“六十而耳順”，鄭玄注：“耳聞其言而知其微旨。”[2]

“猶孔子之聞輕者之鼓而得夏之盧也”，未詳。整理者讀“輕”爲“磬”，讀“盧”爲“虡”。龐樸認爲“輕”是“輕吕”，劍名；“鼓”字應隸作“嗀”，解“夏之盧”爲夏

1 魏啓鵬：《〈德行〉校釋》，成都：巴蜀書社，1991年，第27頁。

2 参盧瑞容：《馬王堆帛書〈五行篇〉中“義”與“德”的涵義探討》，《大陸雜志》第八十五卷第五期。

地或夏王所鑄兵器[1]。魏啓鵬讀“盧”爲“搏”，釋爲“拊搏”，《禮記·明堂位》“拊搏玉磬”，注：“拊搏，以韋爲之，充之以糠，形如小鼓，所以節樂。”以上皆猜度之辭，茲不詳録。“鼓”字帛書原字形清晰，與“鼓”不類，能否隸作“鼓”，亦存有疑問。廖名春讀“輕”爲“經”，讀“夏”爲“雅”，解“經”爲五音“角”之別名[2]，可資參考。

“聞君子道則玉音”，簡本“玉音”，帛傳同，而帛經作“王言”。帛書整理者注：“‘王言’是‘玉音’之誤寫。”李學勤認爲“王言”可以參看《大戴禮記》中的“王言”（原注：《孔子家語·王言》略同），“篇中‘王言’意即王者之道”。[3]按李説不以“王言”爲“玉音”之誤，是正確的意見。帛經對《五行》作有相當幅度的改動，凡此改動之處，大都另有深意，未可以校讎而求一律也。

以上爲“聖之思也輕”章。聞乃聽覺，聰乃聽覺之能

1 龐樸：《帛書五行篇研究》，濟南：齊魯書社，1980年，第50頁。

2 廖名春：《郭店楚簡〈五行〉篇校釋札記》，廖名春：《出土簡帛叢考》，武漢：湖北教育出版社，2004年，第110~113頁。

3 李學勤：《帛書〈五行〉與〈尚書·洪範〉》，載李學勤《簡帛佚籍與學術史》，臺北：時報文化出版公司，1994年，第288 ~ 297頁。

力，聖本之於聲。聖人虞舜之爲天子，巡守所見極爲有限，惟聽政則可以治國，知“聖之思”是與聽之聰相聯繫而形成的思維。聲藉空氣傳播，其特點是“輕”，因而《五行》認爲聖之思也具有上升至抽象的“輕”的特點。“忘”猶言“聾”（參第十章解説），“不忘”是指由聲而把握外物的能力。具此能力則“聰”，則“聞君子道”而有“玉音”般共鳴。外界之道，外界之玉音具型於心，内化爲聖，從而完成由聖至聖的過程。這一過程也就是由具體到抽象、由思維之抽象到思維之具體的過程。

自本章起，帛本有傳。帛傳是對《五行》最早也是最可靠的詮釋，然帛傳之難讀，有甚於帛經。

十二　淑人君子

“要（淑）人君子[1]，亓（其）義[2]罷（一）也”。能

---

1 要，帛經、帛傳作“叔”，並讀爲“淑”。《詩·曹風·鳲鳩》：“淑人君子，其儀一也。”郭店簡《緇衣》4：“䛐（淑）人君子。”今本作“淑”。

2 義，整理者讀爲“儀”。按“義”不必破讀。其字帛經作“宜”，帛傳有殘，可依例補爲“宜”。《詩·曹風·鳲鳩》“淑人君子，其儀一也”，鄭箋：“儀，義也。”郭店楚簡《緇衣》4“亓（其）義不弋（忒）”，《鳲鳩》作“其儀不忒”。是其字本作“義”，毛《詩》作“儀”。

爲翟（一）肰（然）句（後）能爲君子，〔君子〕訢（慎）[1]亓（其）蜀（獨）也。■【簡16】

●“尸（鳲）叴（鳩）在桑，其子七氏（兮）。叔（淑）人君子，其宜一氏（兮）”。能爲一然后（後）能爲君子，君子慎其獨〔也〕。【帛經184】

●“尸（鳲）叴（鳩）在桑”。直之。

“亓（其）子七氏（兮）”。[2]尸（鳲）叴（鳩）二子耳，曰七也，與言也。

“〔叔（淑）人君子〕，其〔宜一氏（兮）”。叔（淑）〕人者，〔直之。宜〕者，義也。言亓（其）所以行之義之一心也。

“能爲一然笱（後）能爲君子”。能爲一者，言能以多〔爲一〕；以多爲一也者，言能以夫〔五〕爲一也。

---

1 訢，簡文又作“訢”，讀爲“慎”，帛經、帛傳作“慎”。

2 氏，帛本字殘，整理者隸作“也”，未妥。此據帛經改隸作“氏”，讀爲“兮”。

“君子愼亓（其）蜀（獨）也”。[1]愼亓（其）蜀（獨）者，言舍夫五而愼亓（其）心之胃（謂）〔也。蜀（獨）〕[2]然笱（後）一也，一者，夫五夫爲□心也，然笱（後）德之一也，乃德已。德猶天也，天乃德已。【帛傳221 ~ 224】

“要（淑）人君子，亓（其）義罷（一）也”，帛經作“尸（鳲）叴（鳩）在桑，其子七氏（兮）。叔（淑）人君子，其宜一氏（兮）”。簡文引《鳲鳩》二句，帛經補爲四句。春秋賦詩斷章，取其所需，後人轉録則多顧及語義完整而補足引文，此時代差別使然。

“‘尸（鳲）叴（鳩）在桑’，直之”。整理者注：“直，假爲飼，養。”龐樸云：“《説》文屢言直也、直之也，即文意自明，毋庸贅言之意。‘八〇本’以直之其子也連讀，謂

---

1 君子愼其蜀（獨）也。愼其蜀（獨）者：整理者讀作“君子愼其獨，愼其蜀（獨）也者”。此依帛傳引經之例以及重文符跳讀例乙正，説參第二十三章解説。

2 “愼其心之胃”後，帛書殘失二字，龐樸（《帛書五行篇研究》第52頁）補以“也，獨”，或是。

直假爲飼，不辨《説》文體例，非是。”[1]按龐樸正帛傳句讀是也。然謂直之“即文意自明，毋庸贅言之意”，則經史無是例也。龐樸又云：“《孟子·滕文公上》有‘不直則道不見，我且直之。’句，直之謂直言。”[2]龐樸舉出經典“直之”用例甚是。爲便於説明問題，謹照録《孟子·滕文公上》原文並具前賢注解如下：

> 墨者夷之因徐辟而求見孟子……他日又求見孟子，孟子曰：“吾今則可以見矣。不直則道不見，我且直之。吾聞夷子墨者，墨之治喪也，以薄爲其道也。夷子思以易天下，豈以爲非是而不貴也？然而夷子葬其親厚，則是以所賤事親也。”趙岐注：“我且欲直攻之也。”焦循正義：“近時通解以夷子葬其親厚，乃是夷子實事，孟子因其有此實事，異乎墨子之道，故直指爲以所賤事親。”

1 龐樸：《帛書五行篇研究》，濟南：齊魯書社，1980年，第53頁。

2 龐樸：《竹帛〈五行〉篇校注及研究》，臺北：萬卷樓圖書有限公司，2000年，第41頁。

注、疏解“直之”爲“直攻之”“直指”，此龐樸“直之謂直言”所本。然今既見《五行》帛傳“直之”用例，則尚有辨也。首先，依注、疏所説，《孟子》“不直則道不見”的意思是“不直攻之則道不見”“不直指則道不見”，然而“直攻之”“直指”明顯不是説明道理的充分必要條件，可見注、疏以“直攻之”“直指”解“直之”，本身是有問題的。其次，就上引《滕文公》原文來看，墨家崇薄葬，而夷子葬其親厚，孟子以子之矛，陷子之盾，是舉實例來説明道理。

筆者認爲，“直之”者，舉例以做比較，以其值相當，用來説明道理。《荀子·正名》：“心合於道，説合於心，辭合於説。正名而期，質請而喻，辨異而不過，推類而不悖。聽則合文，辨則盡故，正道而辨姦。猶引繩以持曲直，是故邪説不能亂，百家無所竄。”《荀子·禮論》：“繩者，直之至。”本章“直之”者，舉鳲鳩以當君子之謂也。《五行》自“鳲鳩”以上，是理論之立言，自“鳲鳩”以下，則舉例推理以作證明。猶剖木爲材，曲直與否，以繩直之也；述説傳箋，合與不合，以“子曰詩云”驗之也。《墨子·經説上》：“無直無説。”猶言無當無説，舉例無當，則無以解説。

“‘其子七氏（兮）’。尸（鳲）叴（鳩）二子耳，曰七也，與言也。”與言，整理者認爲“與”乃“興”字之誤，已有多位學者釋文徑改爲“興”。按“與”字不誤。毛傳解《詩》之例，如《關雎》，“興也”；《葛覃》，“興也”；《漢廣》“南有喬木”，“興也”。從未見有“與言”之例。蓋鳲鳩雌雄之數爲二，鳲鳩之子其數爲五，所以“曰七”者，鳲鳩與其子相與爲言也。自來讀《鳲鳩》者，均以“其子七兮”爲鳲鳩之子爲七，而帛傳解《鳲鳩》，謂鳲鳩與其子共數爲七，並説明這種句法是“與言”，其説較毛傳以下爲合理。

“能爲一者，言能以多〔爲一〕；以多爲一也者，言能以夫〔五〕爲一也。”鳲鳩能以五子爲“一”，其德有似君子。《荀子·勸學》：

> 《詩》曰：鳲鳩在桑，其子七兮。淑人君子，其儀一兮。其儀一兮，心如結兮。故君子結於一也。

《詩·曹風·鳲鳩》毛傳：

鳲鳩之養其子，朝從上下，莫從下上，平均如一。

《説苑·反質》：

《詩》云：尸鳩在桑，其子七兮。淑人君子，其儀一兮。傳曰：尸鳩之所以養七子者，一心也。君子之所以理萬物者，一儀也。以一儀理物，天心也。五者不離，合而爲一，謂之天心。在我能因自深結其意於一。故一心可以事百君，百心不可以事一君，是故誠不遠也。夫誠者，一也。一者，質也。君子雖有外文，必不離内質矣。

類似記載又見《列女傳》。自帛傳以下，典籍多解《鳲鳩》之“一”爲終始如一之“一”，惟《説苑·反質》“五者不離，合而爲一”與帛傳略有相合處。

“君子慎其蜀（獨）也。慎其蜀（獨）者，言舍夫五而慎其心之胃（謂）也。”《鳲鳩》一詩言其子“在梅”“在棘”“在榛”，即雛鳥羽翼豐滿而去，而鳲鳩依然“在桑”，舍夫五子仍終始如一，其德有似“君子慎其獨”。

《禮記·禮器》：“禮之以少爲貴者，以其内心者也。德產之致也精微，觀天下之物，無可以稱其德者，如此則不得以少爲貴乎？是故君子慎其獨也。”《中庸》：“道也者，不可須臾離也，可離非道也。是故君子戒慎乎其所不睹，恐懼乎其所不聞，莫見乎隱，莫顯乎微，故君子慎其獨也。”《大學》：“所謂誠其意者，毋自欺也。如惡惡臭，如好好色，此之謂自謙。故君子必慎其獨也。小人閒居爲不善，無所不至，見君子而後厭然，掩其不善而著其善，人之視己，如見其肺肝然。則何益矣。此謂誠於中，形於外，故君子必慎其獨也。”由漢至宋，後儒對“慎獨”有種種解釋，此乃漢儒、宋儒之“慎獨”，非子思、《五行》之“慎獨”也。帛傳解慎獨爲“舍夫五而慎其心”，可謂一語破的。蓋儒家仁學基於己與人，慎獨則進一步將重點落實到己、落實到心，表現出儒家認識學説對主體道德修養、認識能力之個性的特別重視。

《莊子·大宗師》：“朝徹然後能見獨，見獨而後能無古今，無古今而後能入於不死不生”，郭象注：“當所遇而安之，忘先後之所接，斯見獨者也。”朝徹，頓悟之謂。莊子之“獨”與《五行》“慎獨”之“獨”具有相通之處。

以上爲“淑人君子”章。《五行》引《鳲鳩》是爲了説明“慎獨”的認識論意義在“一”。帛傳解“一”包含二層意思。其一，取鳲鳩以五子爲一，喻君子以多爲一，此乃群體之一。其二，以鳲鳩舍五子爲一，喻君子慎獨之德爲一，此乃個體之一。以多爲一是其群體性，舍五爲一是其個體性，君子行必合於群體，亦必存有個性，故君子慎其獨也。群體意識與個體意識的辯證關繫，竟然完美地體現在《鳲鳩》一詩的文學形象之中。藉助文學形象表述其思想，在《老子》《論語》《墨子》《孟子》《莊子》《荀子》中皆不乏其例。形象與思辨的完美結合，應該説是中國先秦思想的一大特色。

或謂帛傳“以夫五爲一”之“五”爲五行[1]，按“五”之語義或有雙關，然釋爲“五行”則“舍夫五”將無以爲

1 梁濤認爲：“這裡所説的‘五’，是指‘仁義禮智聖’。”參梁濤：《郭店竹簡與思孟學派》，北京：中國人民大學出版社，2008年，第293頁。

釋，故本書不取是説。

十三 差池其羽

“〔燕燕于飛，差池其羽。之子於歸，遠送於野〕。〔瞻望弗〕乑（及）[1]，湄（泣）[2]涕女（如）雨”。能遟（差）沱（池）[3]亓（其）翠（羽）[4]，肰（然）句（後）能至哀。君子誫（慎）[5]亓（其）☐〔蜀（獨）也〕。■【簡17～18】

“〔嬰（燕）〕嬰（燕）于蜚（飛），跍（差）池其羽。之子于歸，袁（遠）送于野。瞻望弗及，汲（泣）沸〈涕〉如雨。”能跍（差）池其羽，然〔后（後）

1 乑，同“及”，帛經、今《詩・邶風・燕燕》作“及”。

2 湄涕，湄字从卅聲，讀爲“泣”，帛經作“汲”，今《詩・邶風・燕燕》作“泣”。涕，帛傳同，帛經作“沸”，乃“涕”之誤。帛傳“涕”前一字殘，整理者補“泣”字，依帛經應補“汲”字，讀爲“泣”。

3 遟沱：遟，“徙”之古文，古讀如“沙”，包山簡78“長遟”即“長沙”，“沱”亦可以直接隸定爲“沙”。遟沱連語，帛經作“跍池”，帛傳作“跍貤”，並讀爲“差池”。《詩・邶風・燕燕》：“燕燕于飛，差池其羽。”

4 翠，同“羽”，帛經、傳、《詩・邶風・燕燕》作“羽”。

5 誫，簡16作“訢”，讀爲“慎”，帛經作“慎”。

能〕至哀。君子慎亓（其）[1]獨也。【帛經184 ~ 186】

“嬰（燕）嬰（燕）于（飛）[2]，駐（差）貤（池）亓（其）羽”。嬰（燕）嬰（燕），與也，言亓（其）相送海（痗）也。方亓（其）化[3]，不在亓（其）羽矣。

“之子于歸，袁（遠）送於野。詹（瞻）忘（望）弗及，〔汲（泣）〕涕如雨”。能駐（差）貤（池）亓（其）羽，然笱（後）能至哀。言至也。駐（差）貤（池）者，言不在嗺（衰）絰，不在嗺（衰）絰也，然笱（後）能〔至〕哀。夫喪正絰脩領而哀殺矣，言至內者不在外也。是之胃（謂）蜀（獨）也。蜀（獨）者，舍膻（體）也[4]。【帛傳224 ~ 227】

“嬰（燕）嬰（燕），與也”。整理者認爲“與”乃

---

1 “亓”字原帛漏寫，補一小“亓”字。

2 嬰嬰，讀爲“燕燕”。《詩·邶風·燕燕》：“燕燕于飛，差池其羽。之子于歸，遠送于野。瞻望弗及，泣涕如雨。”

3 化，生死之化也。《莊子·知北遊》：“已化而生，又化而死。”

4 以上句例原文作“是之胃蜀=也者，舍膻也”，整理者讀作“是之胃（謂）蜀（獨）。蜀（獨）也者，舍膻（體）也”，此據重文符跳讀例乙正。

“興”之誤，或有徑改“與”爲“興”者[1]，皆未妥。嬰（燕）作爲名詞，一般不重疊，此所以解“嬰嬰”爲“與”，謂相與也。毛傳解《詩》，凡用“興”之手法者，皆曰“興也”，而注“燕燕”曰：“鳦也”，未言“燕燕”爲“興也”。朱熹《詩集傳》：“謂之燕燕者，重言之也。”這一見解是正確的。

“言其相送海（痗）也。”海，整理者注：“讀爲晦。《釋名·釋水》：‘海，晦也，主承穢濁，其色黑而晦也。’《博物志》引《考靈耀》曰：‘海之言晦，昏無所覩也。’《老子·道經》‘澹兮其若海’，王弼注：‘情不可覩。’”按是説非也。海應讀爲“痗”，謂思念而爲之心病也。《詩·傭風·伯兮》：“願言思伯，使我心痗”，毛傳：“痗，病也。”疏：“思此伯也，使我心病。”

“方其化，不在其羽矣。”不在其羽，謂哀傷至極，在心，在真情，而不在羽翼。《詩·邶風·燕燕》鄭箋：“差池其羽，謂張舒其羽翼，興戴媯將歸，顧視其衣服。”朱熹

---

1 龐樸：《竹帛〈五行〉篇校注及研究》，臺北：萬卷樓圖書有限公司，2000年，第39頁。郭沂：《郭店竹簡與先秦學術思想》，上海：上海教育出版社，2001年，第167頁。

《詩集傳》:“差池，不齊之貌。”按朱説是，與帛傳解詩略合。蓋人之居喪，服爲之不齊，故移情於燕，燕之羽亦爲之不齊也。燕羽之不齊乃真情之流露，猶人之至哀不在喪服之形式也。

“駐（差）貤（池）者，言不在嗺（衰）絰”。嗺，讀爲“衰”。衰絰，喪服。《儀禮·喪服》“斬衰裳，苴絰，絞帶，冠繩纓，菅屨者”，鄭玄注:“凡服，上曰衰，下曰裳。麻在首，在要，皆曰絰。”

“夫喪正絰脩領而哀殺矣，言至内者不在外也”。正絰脩領，正其冠帶，高其衣領，謂喪畢恢復正常服制也。喪服之“衰”形如今之蓑衣而無領。脩者，長也。《戰國策·齊策一》:“鄒忌脩八尺有餘。”知“脩領”即高領。領既高矣，絰既正矣，則已是日常服制也。

“至内者不在外。”喪服有制度規定，不能有特殊，而型於内心之哀則各有不同，表達也不盡一致。

“蜀（獨）者，舍膻（體）也。”舍體包含兩層意思，其一，以《五行》第十二章引《鳲鳩》爲例，“舍夫五而慎其心”，舍體謂舍離群體，“獨”乃舍離群體的自我所在。其二，以《五行》第十四章“舍其體而獨其心”爲例，舍體是舍卻形體的我心之所在，“獨”乃我心之唯一性。郭沂云：“‘體’當爲外在體現。《周禮·占人》‘君占體’注：‘體，兆象也。’義或近之。所謂‘獨也者，舍體也’，意即專注內心，忽略外在體現（‘衰絰’）。”[1]郭説得其一端。

以上爲“差池其羽”章。所謂“至”謂哀之至極也。燕之“差池其羽”不同於人之喪服，乃真情之流露，惟真情纔能達至哀之至極。哀至於內者不在外部之形式，猶人之慎獨乃舍其體而獨其心也。

《五行》引《燕燕》，是爲了説明“君子慎其獨”的道理。獨謂“舍體”，而“舍體”謂“舍其體而獨其心”。表達哀思，燕之“差池其羽”乃至於內者，具有真情流露的獨特之處；而人之喪服乃在於外者，人我皆然，並不能由此而看出是否具有不同於衆之哀思。喪服可以去除，而存於內心之德則因其獨特性而具有不可替代之處。

毛傳以“衛莊姜送歸妾”解《燕燕》，並無可靠依據。朱熹《詩集傳》就對此有保留，云：“莊姜事見《春秋傳》。

---

1 郭沂：《郭店竹簡與先秦學術思想》，上海：上海教育出版社，2001年，第167頁。

此《詩》無所考，姑從序説。”而《五行》經、傳解《燕燕》，從《燕燕》本身出發，全然不見衛莊姜蹤影。《五行》經、傳解《燕燕》是否合於《燕燕》本旨，還可以繼續研究。不過至少可以説明，毛傳之前，解《燕燕》並非只有“送歸妾”一説，這可以爲我們今天理解《燕燕》開啓新的思路。

十四　君子之爲善也

〔君〕子之爲善也，又（有）與訂（始）[1]，又（有）與各（終）[2]也。君子之爲悳（德）也，☑〔又（有）與〕訂（始），亡（無）【殘21】〔與〕冬（終）也[3]。金聖（聲）而玉晷（振）[4]之，又（有）悳（德）者也。■【簡18～19】

1 訂，讀爲“始”，帛經、傳作“始”。

2 各，本簡與“冬”互文，帛經、傳作“終”。

3 郭店簡殘片21“訂亡”二字，由陳偉等編入本簡，參陳偉等著：《楚地出土戰國簡冊[十四種]》，北京：經濟科學出版社，2009年，第187頁。

4 晷，讀爲“振”，帛經作“振”。本章帛傳殘，第十五章帛傳231作“辰”，辰讀爲“振”。

●君子之爲善也，有與始也，有與終也。君子之爲德也，有與始也，无與終也。●金聲而玉振之，有德者也。【帛經186 ~ 187】

● “君子之爲善也，有與始，有與終”。言與亓（其）體（體）始，與亓（其）體（體）終也。

“君子之爲德也，有與始，无〔與終”。有與始者，言〕與亓（其）體（體）始；无與終者，言舍其體（體）而獨亓（其）心也。

“金聲〔而玉振之〕”[1]。………【帛傳228 ~ 229】

“與其體（體）始，與其體（體）終也。”《五行》之“體”包含三層意思，其一謂外在物體，其二謂群體，其三謂耳目鼻口手足六者。作爲認識學説之“體”，主要指外在物體。能夠認識外在事物，形成有效的學習與容納，是“善”。有如棋手向老師學棋，老師教了一個定式，棋手學會這個定式，是“善”。

1 “金聲”以下帛書殘，酌補“而玉振之”。帛書229行與230行之間有可能因殘損而脱去一行，因而本章與下章之帛傳文字有脱節。

“无與終者，言舍其體（體）而獨其心也。”“心”具有超越外在物體的能力，認識始之於某一物體，卻不受該物體的限制，當着在心中建立起具體事物之間的聯繫，再現事物之發展，得到新的認識，則謂之“舍其體而獨其心”，也就是“德”。有如棋手在學會老師教的定式基礎之上，走出自己的新著法，如果這一新着法被確認爲制勝之法，則已超越舊定式的始與終，是“獨其心”。簡單地說，“君子之爲善”大致屬於知識接受的層面，而“君子之爲德”則已進入創造發明的階段，獨創並能“外得於人”，得到承認，是所謂成德。

體若與心相對而言，則又指耳目鼻口手足六者（參第三十章“小體”）。耳目鼻口手足乃人之感官，感官具有與外物直接相通的品格。若認識止於忠實地反映外物，而沒有形成自己的心得，則只能達至於善的水平。只有超越於“體”而獨具於心，纔能達至“君子之爲德”。《五行》對外在物體、群體、感官之體並不作嚴格區分，隨文而各有所指。

簡本“金聖（聲）而玉晨（振）之，又（有）悳（德）者也”，帛經同，帛傳有殘，甚爲可惜。《孟子·萬章下》:

“孔子之謂集大成。集大成也者，金聲而玉振之也。金聲也者，始條理也。玉振之也，終條理也。始條理者，智之事也。終條理者，聖之事也。”所謂“條理”，戴震《孟子字義疏證》云：“理者，察之而幾微必區以別之名也，是故謂之分理。在物之質曰肌理，曰腠理，曰文理。得其分則有條而不紊，謂之條理。”[1]本書在上面已說明，簡文“無以終”的含義指向發展與創造，而孟子之“終條理”則指向對事物已有認識的總結性條理。如果以今天的眼光來看，《五行》與《孟子》對“金聲而玉振之”的理解各有側重，但考慮到孔子時代的官學背景，則孟子的說法是可以理解的。孔子“作《春秋》”(《孟子·滕文公下》)，然孔子“述而不作”，依孔子自己的說法，《春秋》是“述”而不是“作”。然而實際上，孔子作《春秋》已使史學由官修而走向了私修。這一點，只要將《世本》《竹書紀年》、睡虎地秦簡《編年記》與《春秋》作一比較，就可以明確《春秋》明述而實作的巨大歷史貢獻。孟子以孔子“集大成”“終條理”爲例解釋“玉振之”，是有道理的。

---

1 戴震：《孟子字義疏證》，《戴震全書》第六册，合肥：黄山書社，1995年，第151頁。

以上爲“君子之爲善也”章。“金聲而玉振之”是對内心與外物，主體與客體關繫的進一步説明。簡13：“愛則玉色”，玉色謂内心之溫潤而形於顏面。簡34：“見賢人則玉色”，賢人爲外在之人，“我”見而知之，表現在顏面則爲玉色；若見而不知，心中冷淡，表現在顏面則爲冰霜也。簡15：“聞君子道則玉音”，君子道爲外在之聲，“我”聞而知之，聽之如玉音而心中溫潤也；若聞而不知，則如盜跖聞孔子之言而大怒，斥聖人爲“盜丘”也。“金聲而玉振之”與以上文例相聯繫，“金聲”亦是外在之聲也。“玉振之”謂内心爲之共鳴，如玉之溫潤也。《韓詩外傳》卷一：“在内者皆玉色，在外者皆金聲。”若不知“金聲”爲外，“玉振之”爲内，則不可讀《五行》矣。

金聲既爲客體聲之美者，若主體僅識其金聲之美，則與其體始，與其體終也。若主體由金聲而爲之玉振，得出具有超越意義的“玉音”，則與之始而不與之終也。但凡人類有所繼承，皆金聲也。但凡人類在繼承基礎上的創造發明，皆玉振之也。

在這裏有必要説明，玉作爲審美對象，古人多以之比德。《禮記·聘義》：“君子比德於玉焉。”《白虎通·考黜》：

"玉者，德美之至者。"《説文》："玉，石之美有五德者。"《五行》言内而屢及於玉，良有以也。

《五行》"金聲而玉振之"很生動地概括了主體與客體的關繫，應該作爲認識學説的重要用語而載入中國思想史。

十五　金聲善也

金聖（聲），善也；玉音[1]，聖也。善，人道也[2]；悳（德），天道〔也〕[3]。唯又（有）悳（德）者肰（然）句（後）能金聖（聲）而玉晨（振）之。不聣（聰）不明，不聖不智，不智不㤅（仁），不㤅（仁）不安，不安不樂，不樂亡悳（德）。■【簡19～20】

---

1 玉音，帛經作"王言"，参第十一章"王言"解説。龐樸《研究》改"玉音"爲"玉振"，孫開泰云："據下文'音'應爲'振'。"按：龐、孫説未可從。參龐樸：《竹帛〈五行〉篇校注及研究》，臺北：萬卷樓圖書有限公司，2000年，第43頁。孫開泰：《〈郭店楚墓竹簡·五行〉篇校釋》，李學勤、謝桂華主編：《簡帛研究2001》，桂林：廣西師範大學出版社，2001年，第142頁。

2 善，人道也，参第六章簡4"善，人道也"。

3 德，天道也，參第六章簡5"德，天道也"。郭店楚簡《成之聞之》37："聖人天德。"

金聲，善也；王言，聖也。善，人道也；德，【帛經187】天道也。唯有德者然笱（後）能金聲而玉振之之[1]。【帛經188上段】不〔悤（聰）不明，不明〕不聖，不聖不知，不知不仁，不仁不安，不安不樂，不樂无德。【帛經190下段】

□□□繇（由）德重善也者，有事焉者，可以剛柔多鉿[2]爲。故□善□□□□□□□也者，忌（己）有弗爲而美者也[3]。

“雖（唯）有德者然笱（後）能金聲而玉辰（振）之”。金聲而玉辰（振）之者，動□而□□井（形）善於外，有德者之□。【帛傳230 ~ 232】

“不嘍（聽）不明”，嘍（聽）也者，聖之藏於耳者也；〔明也〕者，知之臧（藏）於目者〔也〕。嘍

---

1 之之，衍一“之”字。帛經自此以下接“不聻（變）不説”（第十六章）。

2 鉿，整理者讀爲“合”，釋爲融洽。

3 “忌（己）有弗爲而美者也”以上，應是帛經“金聲，善也；王言，聖也。善，人道也；德，天道也”數句之傳，由於帛書残損，未能讀通。以下酌引經爲目作解。

（聰），聖之始也；明，知之始也。故曰不嘍（聰）明則不聖知，聖知必繇（由）嘍（聰）明。聖始天，知始人；聖爲禞（高）[1]，知爲廣。

“不知不仁”[2]，不知所愛則何愛？言仁之乘知而行之[3]。

“不仁不安”，仁而能安，天道也。

“不安不樂”，安也者，言與其膿（體）偕安也者也，安而笱（後）能樂[4]。

“不樂無德”，樂也者流膿（體），機然忘寒，忘寒，德之至也。樂而笱（後）有悳（德）。【帛傳 230 ~ 232、242 ~ 247】

“金聖（聲），善也。”賢者之聲，美若鐘聲，此所以爲善也；在“我”則聞賢者之聲而知其爲如“金”之聲，此

1 高，原帛字形下從示，上從高聲。整理者注：“祟字作𥛚，從高從示，帛書《周易》祟字均如此寫。”按，就本例字形及句意而言，應讀爲“高”。

2 不知不仁，《論語·公冶長》：子張問令尹子文仁矣乎？“子曰：未智，焉得仁！”

3 乘，因也。《説苑·建本》：“故魚乘於水，鳥乘於風，草木乘於時。”

4 樂，由思維融會貫通達到的愉悦境界。

型於内之善也。《白虎通·考黜》:“金以配情……金者，情和之至也。”

“玉音，聖也。”君子之道有如玉音（簡15:“聞君子之道則玉音”),“我”聞而知其爲君子之道，經“我”心之振而有屬於“我”之玉音，此型於内之聖也。或釋“金聲”爲鐘聲，玉音爲磬聲。按金、玉皆狀聲之美者，未可執實爲鐘聲與磬聲，有如今人之“金玉良言”例。由金聲到玉音是音樂的升華，由善到聖是思維之超越。有如王洛賓聞新疆民歌而識其金聲之善，經其音樂天賦加工升華，於是有《在那遙遠的地方》《半個月亮爬上來》《可愛的一朵玫瑰花》諸玉音。聽到新疆民歌者何止千萬，惟王洛賓由原本金聲之善而譜出玉音，“人民音樂家”“西部歌王”之盛譽實與“詩聖”“書聖”相類，允爲“玉音，聖也”!

“不聣（聰）不明，不聖不智。”帛經第190行上部殘，據殘缺字距酌補“聰不明，不明”五字。簡本“不聣（聰）不明，不聖不智”後，帛經多出“不明不聖”四字，此乃帛本改動所致。或謂簡本脱“不明不聖”，恐值得商榷。不聰謂聽覺之不聰，不明謂視覺之不明。不聰與“聖”相聯繫，不明與“知”相聯繫，因而“不聣（聰）不明，不聖不智”之間，不可能容下“不明不聖”，且簡本《五行》亦未見將“明”與“聖”相聯繫的文例，可知帛經的這一改動應是出於我們難以知曉的考慮。帛傳一般依帛經逐句作解，而本節則僅以“不聰不明”爲目，有意避開了“不明不聖”一句，可見帛傳的作者對帛經存在的問題已有所覺察。

“樂也者流膿（體），機然忘寒，忘寒，德之至也”。機然，整理者疑讀爲“欣然”，未妥。機，讀爲“幾”，《爾雅·釋詁》：“幾，近也。”《説文》：“幾，微也。”幾然猶幾乎。忘寒，龐樸云：“疑當作塞。樂之作用在和，故能流體，能無塞。”學者多從龐説，至有著文徑改“寒”爲“塞”者。按此説大謬。《莊子·大宗師》：“登高不慄，入水不濡，入火不熱，是知之能登假於道者也如此。”由“知”達於“道”，是一種沉浸於知識的忘我狀態，故能超越人的自我局限寒、熱、飢、慄之類。今人進入工作狀態，廢寢忘餐，是其例也。

以上爲“金聲善也”章。客體金聲之善，只有當主體亦具有相應特質方能認知，纔能將外界之金聲内化爲心中之玉振。沒有聽覺之聰與視覺之明，就沒有源自聽覺的聖與源自視覺的知。沒有聖、知這樣的認知能力，就不能具備主體之人與客體之人的“仁”的思想。沒有仁的思想，就不能由安而樂而成德。

第八章論述“不仁不知”，謂不仁則不能認識客體；本章“不知不仁”，謂不認識客體就不能形成主體之仁。主體之仁制約着對客體的認知，而對客體的認知又促進着主體之仁得到提升。可見“不仁不知”與“不知不仁”討論的是主體與客體的辯證統一關繫。

在主體與客體的實踐、認識關繫中滲透着價值關繫，《五行》認識學説將這種價值關繫表述爲金聲與玉音。知的目的是認識金聲之善，金聲内化於心中，經主體的能動性提升爲玉音，就叫做“玉振之”。不具備金、玉價值的東西，不合禮制的東西，不在認知之列。“非禮勿視，非禮勿聽”被孔子規定爲仁之由己的條目（《論語·顏淵》），説的是認識具有目的性的問題。《五行》在此基礎上進一步説明了認識的能動性以及價值關繫問題，這對於儒家認識論學説是一個很大的貢獻。

簡本之本章與帛本之分章具有很大差異，對此學者已有討論。竊意以爲二者皆可讀通，遺貌取神可也。筆者淺學，未敢加以軒輊。

十六　不變不説

不叓（變）[1]不兑（説），不兑（説）不稾（戚），不稾（戚）不新（親），不新（親）不悉（愛），不悉（愛）不悬（仁）。■【簡21】

不謦（變）不説（悦），不説（悦）不戚，不戚不親，不親不愛，不愛〔不仁〕。【帛經188～189】

●"不變不説（悦）"。變也者，匋（勉）也，仁氣也。變而笱（後）能説（悦）。

"不説（悦）不慼（戚）"[2]。説（悦）而笱（後）能慼（戚）所慼（戚）。

---

1 叓，帛經作"謦"，並讀爲"變"。帛傳作"變"。

2 慼：簡本作"稾"，讀爲"戚"，帛經作"戚"，戚，近也。《詩·大雅·行葦》"戚戚兄弟"，毛傳："戚戚，内相親也。"《孟子·梁惠王上》："將使卑踰尊，疏踰戚，可不慎與。"《小爾雅·廣詁》："戚，近也。"

"不慼（戚）不親"。慼（戚）而笱（後）能親之。

"不親不愛"。親而笱（後）能愛之。

"不愛不仁"。愛而笱（後）仁。□變者而笱（後）能説（悦）仁，慼仁，親仁，愛仁，以於親慼（戚）亦可。【帛傳233 ~ 235】

"變也者，㝃（勉）也，仁氣也。"變，帛經作"䜌"，龐樸認爲䜌假爲䜌，云："䜌當繫變、戀、攣之省，思慕也，眷念也。"[1]魏啓鵬云："䜌當讀爲'變'。"[2]按：整理者隸作"變"是準確的，第二十三章簡32："㝒"，帛傳249作"變"，可參。陳偉解簡文"㝒"爲"弁"，"或者看着'昪'之省"，《説文》："昪，喜樂貌。"[3]本書不取是説。第二十三章帛傳第249行："心〔説（悦）〕然笱（後）顔色容貌溫以説（悦），變也。"意思是説心中喜悦，然後表現爲顔色容貌溫以悦，這一從内心到表情的變化過程就是"變"。可

1 龐樸：《帛書五行篇研究》，濟南：齊魯書社，1980年，第58頁。

2 魏啓鵬：《〈德行〉校釋》，成都：巴蜀書社，1991年，第33頁。

3 陳偉：《郭店竹書別釋》，武漢：湖北教育出版社，2002年，第54 ~ 56頁。

見簡文“𡆵”讀爲“變”，應屬可信。變者，動也。《國語·楚語上》“且夫制城邑若體性焉，有首領股肱至於手拇毛脈，大能掉小，故變而不勤”，韋注：“變，動也。”變與“行”相對而言，義之外顯爲行（參簡21：“不行不義”），而仁之外顯爲“變”，爲動。有如人有小罪而赦之（參簡38），此惻隱之心之動也。子爲父隱，父爲子隱，亦是親情之動也，是乃仁也。若義之行則直行而不顧。所謂“仁氣”是指仁之外顯，“氣”略相當於今人所謂“氣色”“氣象”。帛書《十六經·行守》136下：“气者，心之浮也。”浮者，如物之浮於水而顯露在外。

“説（悦）仁，慼仁，親仁，愛仁”。龐樸云：“諸仁字並爲人字誤。”[1]繼又改爲“諸仁字皆通‘人’字”[2]。按“仁”字不誤，讀爲“人”也是不合適的。郭店楚簡《尊德義》3：“仁爲可親也。”則仁既可作爲主體之仁，亦可作爲客體之仁。“仁”乃人之仁者。對象之仁者有吸引“我”處，我心爲之變，爲之動，於是有“我”之悦仁、慼仁；對象人

1 龐樸：《帛書五行篇研究》，濟南：齊魯書社，1980年，第58頁。

2 龐樸：《竹帛〈五行〉篇校注及研究》，臺北：萬卷樓圖書有限公司，2000年，第46頁。

之仁者與“我”心中本有之仁相印，於是有“我”之親仁，愛仁也。

以上爲“不變不説”章。“變”爲内在之情感變而外顯，猶言主觀之能動也。只有經過行於外之悦、戚、親、愛，主體之仁纔能實現其價值，纔能證明其存在。

第十五章所論由外至内之成德，實爲第十六章至二十章之綱。第十六章論仁之外行，十七章論義之外行，十八章論禮之外行，二十章論聖之外行，合而爲德之行於外也。

第二十三章簡32：“顔色伀（容）佼（貌）恩（溫），叏（變）也”，謂顔色容貌溫和，即所謂“變”也。第九章論“溫”由外至内，型而成内心之仁；本章論仁由内至外，變而爲外在之親仁、之愛仁，請參閲。

十七　不直不迣

不悳（直）[1]不遰（迣）[2]，不遰（迣）不果。不果不柬（簡），不柬（簡）不行，不行不義。■【21 ~ 22】

---

1 悳，讀爲“直”，帛經、傳作“直”。

2 遰，帛經、傳作“迣”。

〔不直不迣，不〕迣不果。不果不簡，不簡不行，不行不義。【帛經 189】

● “不直不迣”。直也者，直其中心也，義氣也。直而笱（後）能迣。迣也者，終之者也；弗受於眾人，受之孟賁，未迣也。

“不迣不果”，果也者，言其弗畏也，無介於心，□也。

“不〔果不〕閒（簡）”，閒（簡）也者，不以小害大，不以輕害重。

“不閒（簡）不行”，行也者，言其所行之□□□。[1]

“不行不義”，□□□□義也[2]。【帛傳 236 ~ 239】

“‘不直不迣’。直也者，直其中心也，義氣也。”直，簡 34：“审（中）心詨（辯）肰（然）而正行之，植（直）

1 “行之”以下，未詳所闕字數。《大戴禮 · 小辨》：“夫道不簡則不行，不行則不樂。”

2 不行不義，不付諸實踐，不可成義。“義也”以上，未詳所闕字數。

也。”直爲義之外行。迣，整理者疑讀爲“肆”。龐樸疑假爲“泄”[1]。魏啓鵬云：“泄讀爲絏，繫也。”[2]簡文作“遾”，李零隸作“肆”[3]，未詳其説。迣謂不受阻攔而直行。簡34：“直而述之，迣也。”參該簡注。義氣，義之外顯。

“迣也者，終之者也”。必達目的之“終”，是爲“迣”也；若受阻而未終之者，則不可謂迣也。或謂“迣無終義”[4]，此誤解帛傳。聶政之刺俠累，終殺俠累也；荊軻之刺秦王，終而未殺秦王也。然皆無所阻攔而終之者。故太史公曰：“此其義或成或不成，然其立義較然，不欺其志，名垂後世，豈妄也哉！”（《史記·刺客列傳》）是迣即是終，不以成敗論也。

“弗受於眾人，受之孟賁，未迣也。”似指秦武王之事。《史記·秦本紀》：“武王有力好戲，力士任鄙、烏獲、孟説皆至大官。王與孟説舉鼎，絶臏。八月，武王死，族孟説。”秦武王“欲容車連三川，窺周室”，與孟説角力而死，未遂其志，此所以未迣歟？姑記以備考。孟賁，古勇力之

1 龐樸：《帛書五行篇研究》，濟南：齊魯書社，1980年，第58頁。
2 魏啓鵬：《〈德行〉校釋》，成都：巴蜀書社，1991年，第35頁。
3 李零：《郭店楚簡校讀記》，《道家文化研究》第17輯，北京：生活·讀書·新知三聯書店，1999年，第489頁。
4 龐樸：《帛書五行篇研究》，濟南：齊魯書社，1980年，第59頁。

士。《墨子·親士》:“孟賁之殺，其勇也。”《戰國策·秦策三》:“烏獲之力而死，奔、育之勇焉而死。”《燕策二》:“孟賁之勇而死，烏獲之力而死。”

“果也者，言其弗畏也，無介於心，□也。”無介於心，謂心中無所阻隔。《左傳》襄公三十一年“介於大國”，杜注:“介，閒也。”“心”後殘失一字，疑應補爲“果”字。

“閒（簡）也者，不以小害大，不以輕害重。”閒，讀爲“簡”，簡本作“柬”，帛經作“簡”。用“簡”用“柬”各有勝場，不必通假。簡、柬謂去其現象與枝蔓，認識把握事物的内核與要點。義之“簡”在一定意義上表現爲價值選擇，帛傳“不以小害大，不以輕害重”，很清楚地表明了這一點。《孟子·告子上》:“體有貴賤，有小大。勿以小害大，無以賤害貴。”

以上爲“不直不泄”章。“直”是義的外顯，是中心明辨而正確地付諸實施，排除阻隔，無所畏懼，不受枝蔓之牽制，不爲假象所迷惑。内心之義只有經過這樣的過程，纔能最終實現由内向外之行。凡義士、義舉之類，都必須經過這樣的過程纔能爲世人所承認。

第二十四章是本章內容的具體説明，請參閱。

十八　不遠不敬

不韍（遠）[1]不敬，不敬不嚴，不嚴不障（尊）[2]，不障（尊）不共（恭）。不共（恭）亡（無）豊（禮）。■【簡22】

不袁（遠）不敬，不敬不嚴，不嚴不尊，不尊不〔恭。不恭〕无[3]〔禮〕。【帛經189～190】

“不袁（遠）不敬”。袁（遠）心也者，禮氣也。質近者，□弗能□，□□□敬之。袁（遠）者，動敬心，作敬心者也。左靡而右飯之，未得敬□□□。

“不敬不嚴”，嚴猶㢘〔也〕[4]，㢘，敬之責（積）者也。

---

1 韍，帛經、傳作“袁”，並讀爲“遠”。

2 障，同“尊”，帛經、傳作“尊”。

3 无，整理者隸作“不”，誤。此據原字形訂正。

4 “㢘”下重文符省“也”字，依例補。

“不嚴不尊”，嚴而笱（後）忌[1]，尊。

“不尊不共（恭）”，共（恭）也者，□□敬下也[2]。共（恭）而笱（後）禮也，有以體（體）氣也。【帛傳239 ~ 242】

“袁（遠）心也者，禮氣也。”“遠”謂人與人交往的尺度或距離。《方言》卷六：“離，楚或謂之遠。”《廣雅·釋詁》：“離，遠也。”魏啓鵬引《禮記·坊記》“所以示遠也”，注：“遠之所以崇敬也。”[3]“袁（遠）心也者”，應作“遠也者，遠心也”，如帛傳233行：“䜌（變）也者，寃（勉）也”，236行：“直也者，直其中心也”例。“禮氣也”，禮之外顯。

“質近者，□弗能□，□□□敬之”。質者，對象，對立面。《莊子·徐無鬼》：“匠石曰：臣則嘗能斲之。雖然，臣之質死久矣。自夫子之死也，吾無以爲質矣。”帛傳該句

---

1 忌，或謂讀爲“己”，非是。第二十六章帛傳第268行：“嚴之有（又）從而畏忌之”，知“忌”不當破讀。

2 □□敬下也，龐樸補闕文爲“用上”，參《孟子·萬章下》：“用下敬上，謂之貴貴。用上敬下，謂之尊賢。”其説可資參考。參龐樸：《帛書五行篇研究》，濟南：齊魯書社，1980年，第60 ~ 61頁。

3 參魏啓鵬：《〈德行〉校釋》，成都：巴蜀書社，1991年，第37頁。

有殘，大意是説，沒有一定的距離則不成其敬。蓋近則親密，親密已無敬矣。若陌生人過近，則使人有受威脅之感。

“左靡而右飯之，未得敬□□□。”“靡”字依帛書綫裝本隸定[1]。整理者改隸作“腓”，讀爲“歡”，釋爲飲食[2]。龐樸云：“靡，摩字省，俗作麾，揮斥也。左靡右飯，嗟來之食之類。”[3]魏啓鵬釋“麾”爲“招”，“此謂以左手招呼他人時，以右手自食之。”[4]按諸説皆有未安。靡，讀爲“穈”，《離騷》“精瓊靡以爲粻”，揚雄《反離騷》“精瓊靡與秋菊兮”，洪興祖補注釋“靡”爲“穈”。穈者，粥也。左靡、右飯互文見意，謂日常飲食，夫妻或母子穈之飯之，同而不加分别也。既日常同飲食，則距離近矣，近則無所謂敬也。

“嚴猶厰也，厰，敬之責（積）者也。”“也”字依重文符省字例補，参第二十三章解説。厰，原字形從广作，古文字從广從厂無别。魏啓鵬讀爲“敢”，釋爲“必行”[5]。不可

---

1 馬王堆帛書整理小組：《馬王堆漢墓帛書（壹）》（綫裝本），北京：文物出版社，1974年。

2 國家文物局古文獻研究室：《馬王堆漢墓帛書（壹）》，北京：文物出版社，1980年，第26頁。

3 龐樸：《帛書五行篇研究》，濟南：齊魯書社，1980年，第60頁。

4 魏啓鵬：《〈德行〉校釋》，成都：巴蜀書社，1991年，第38頁。

5 魏啓鵬：《〈德行〉校釋》，成都：巴蜀書社，1991年，第38頁。

信。郭店楚簡《語叢二》2:“㢜生於豊(禮),敬生於㢜。”字應讀爲“欽”。《説文》“㢜,崟也。一曰地名”,段注:“蓋《公羊傳》殽之嶔巖是也。嶔蓋即㢜字。”知㢜、欽讀音相通。欽亦敬也,然與敬所涉及對象則微有差別,“欽若昊天”而“敬授民時”(《書·堯典》),欽既多用作敬上,此所以爲敬之積也。責,讀爲“積”。《易·升》象傳:“積小以高大。”是“敬之積”猶敬之高也。

“共(恭)而笱(後)禮也,有以膿(體)氣也。”膿,讀爲“體”。或謂“禮字誤”(龐樸《校注》、魏啓鵬《校釋》),未妥。馬王堆漢墓帛書《十六經·順道》138行:“膿正信以仁慈”,《戰國縱横家書》189行:“玉膿”,郭店楚簡《窮達以時》10:“非亡(無)膿壯也”,膿皆讀爲“體”。“體氣”者,謂禮之外顯,形之爲具體也。

以上爲“不遠不敬”章。禮行於外表現爲人與人之間交往的尺度或距離,不知道尺度或距離,沒有敬、嚴、尊、恭這些禮的具體實施,就不能將禮的觀念轉化爲禮的存在,主體也就不能作爲知禮有禮者而實現其價值。

十九　未嘗聞君子道謂之不聰

未尚（嘗）[1]　（聞）君子道，胃（謂）之不聣（聰）。未尚（嘗）見臤（賢）人，胃（謂）之不明。　（聞）君子道而不智（知）亓（其）君子道也，胃（謂）之不聖。見臤（賢）人而不智（知）亓（其）又（有）悳（德）也，胃（謂）之不智（知）。■【簡22～24】

●未嘗聞君子道，胃（謂）之不悤（聰）。未嘗見賢〔人〕，胃（謂）之不明。聞君子道而不知亓（其）君子道也，胃（謂）之不聖。見賢人而不知亓（其）有德也，胃（謂）之不知。【帛經195～197】

●"未嘗聞君子道，〔胃（謂）之不〕嘍（聰）。"同之聞也，獨不色然於君子道，故胃（謂）之不嘍（聰）。

"未嘗見賢人，胃（謂）之不明。"同之見也，獨不色賢人，故胃（謂）之不明。

1 尚，讀爲"嘗"，帛經、傳作"嘗"。

"聞君子道而不知其君子道也，胃人胃（謂）之不聖。"[1]聞君子道而不色然，而不知亓（其）天之道也，胃（謂）之不聖。

"見賢人而不知亓（其）有悳（德）也，〔胃（謂）〕之不知。"見賢人而不色然，不知亓（其）所以爲之，故胃（謂）之不知。【帛經271 ~ 274】

"同之聞也。"之，君子道也。人聞君子道，我亦聞君子道，是同之聞也。

"獨不色然於君子道，故謂之不瞍（聰）"。人聞君子道皆爲之色然，獨我於君子道不爲之色然，是我爲不聰也。《春秋公羊傳》哀公六年"諸大夫見之，皆色然而駭"，注："色然，驚駭貌。""色然於君子道"者，聞而知其爲君子道，形之於顔面如玉色然。此與《公羊傳》之"色然"略有差異。參第九章簡13："愛則玉色。"或釋"色然"爲"危然"（龐樸《校注》），不可信。魏啓鵬云："謂聞道則面有齊莊溫潤之色也。"[2]其説是。

---

1 胃人胃（謂）之不聖："胃人"二字衍。

2 魏啓鵬：《〈德行〉校釋》，成都：巴蜀書社，1991年，第50頁。

“同之見也，獨不色賢人，故胃（謂）之不明。”不色賢人，見賢人而不知其爲賢人，不以其有玉色之美也。簡14：“見賢人則玉色。”從句法上説，“玉色”是我之玉色，“色賢人”是以賢人爲色。

以上爲“未嘗聞君子道謂之不聰”章。本章以否定性命題説明知之所以形成，討論的是聞、見；聰、明；聖、知的關繫。聞、見是人的感覺；聰、明是人的能力；聖、知是人的知識。有如下示：

感覺：聞　見

能力：聰　明

知識：聖　知

簡單地説，沒有聞、見的感覺，沒有聰、明的認識能力，也就沒有聖、知的知識。

人之未嘗聞、未嘗見是認識範圍的問題；視而不見、聽而不聞即所謂不聰不明，不聰不明是認識能力的問題，認識範圍歸根結底取決於人的認識能力，帛傳就是從這一角度來解釋聰明的；不聖不知則是認識水平的問題。

二十　見而知之知也聞而知之聖也

見而智（知）之，智（知）也。聳（聞）而智（知）之，聖也。明明，智（知）也。虩（虩、赫）虩（虩、赫）[1]，聖也。“明明才（在）下，虩（虩、赫）虩（虩、赫）才（在）上”[2]，此之胃（謂）也。■【簡25 ~ 26】

見而知之，知也。聞而知之，聖也。明明，知也。壑（虩、赫）壑（虩、赫），聖〔也〕。“明明在下，壑（虩、赫）壑（虩、赫）在上”，此之胃（謂）也。【帛經197 ~ 198】

“聞而知之，聖也。”聞之而〔遂〕知亓（其）天之道也，聖也。

“見而知之，知也[3]。”見之而遂知亓（其）所以爲

---

1 虩虩，連語，同“虩虩”，帛經作“壑壑”，帛傳作“赤赤”，皆讀爲“赫赫”。郭店簡《緇衣》15：“虩虩師尹”，今本作“赫赫”。《小爾雅·廣詁》：“赫，明也。”又《廣言》：“赫，顯也。”

2 明明在下，赫赫在上，見《詩·大雅·大明》。

3 知也，或讀爲“智也”。按依其字讀爲義長。

之□□，知也。

“明明，知〔也。”知〕[1]也者，繇（由）所見知所不見也[2]。

“赤（赫）赤（赫），聖”，貌也。□□言□□□□□□□□□□。

“明明在下，赤（赫）赤（赫）在嘗（上），此之胃（謂）也。”明者始在下，赤（赫）者始在嘗（上），□□□□□胃（謂）聖知也[3]。【帛傳274 ~ 278】

“‘聞而知之，聖也’。聞之而〔遂〕知其天之道也，聖也。”依帛傳之例，應先解“見而知之”，帛書鈔録者或有倒誤，或有意改以聖、知爲序。魏啓鵬引《文子·道原》：“文子問聖智，老子曰：‘聞而知之，聖也。見而知之，智也。’……聖人知天道吉凶，故知禍福所生。智者先見成

1 “知”後原缺“也。知”二字，依帛傳引經之例補。

2 繇（由）所見知所不見也，《吕氏春秋·察今》：“有道之士，貴以近知遠，以今知古，以益所見知所不見。”

3 “胃（謂）聖知也”之上殘失五字，大致是將上、下，聖、知合併作解釋。池田知久補該句作“□□□，〔未可〕胃（謂）聖知也”，明顯不妥。參池田知久：《馬王堆漢墓帛書五行研究》，東京：汲古書院，1993年，第355頁。

形，故知禍福之門。聞未生，聖也。先見成形，智也。無聞見者，愚迷。”定州漢簡《文子》亦保存有論聖智之言，“刑而知擇行，故聞而知之，聖也。”（0765）“平王曰：‘何謂聖知？’文子曰：‘聞而知之，聖也。’”（0896）[1]所謂“聞未生”，是指由所聞而知“未生”，預知事務之發展。所謂“先見成形”，是指所見尚未成形，由所見預見事物之成形也。《文子》中的相關內容與《五行》有關，值得深入探討。

“見之而遂知其所以爲之□□，知也。”“爲之”後缺二字，似可補爲“德也”，與上文“道也”相應。池田知久徑補爲“者也”[2]。又該句整理者句讀爲“見之而遂知其所以爲之，□□知也”，謹録以存參。

“‘赤（赫）赤（赫），聖’，貌也。”整理者的句讀爲“赤（赫）赤（赫），聖貌也”，龐樸《校注》據此謂“貌”爲衍字而刪去。皆誤。“赤（赫）赤（赫），聖”乃帛傳所引經文，（原帛“聖”後或脱“也”字），“貌也”乃傳

1 魏啟鵬：《簡帛文獻〈五行〉箋證》，北京：中華書局，2005年，第24頁。
2 池田知久：《馬王堆漢墓帛書五行研究》，東京：汲古書院，1993年，第355頁。

文。“貌”作爲注釋用語，凡釋形容詞多以“貌”解之。《詩·周南·兔罝》“赳赳武夫”，毛傳：“赳赳，武貌。”《離騷》“余固知謇謇之爲患兮”，王逸章句：“謇謇，忠貞貌也。”

以上爲“見而知之知也聞而知之聖也”章。《詩·大雅·大明》“明明在下，赫赫在上”，毛傳：“明明，察也。文王之德明明於下，故赫赫然著見於天。”鄭箋：“明明者，文王武王施明德於天下，其徵應炤晢見於天，謂三辰效驗。”依毛傳鄭箋，文王明察於天下（或施明德於天下），天示之以徵應，此乃以讖緯之學解詩。依《五行》之解，“明明”是説文王之“知”，“明明在下”即見下情而知之。“聖”是聞而知之，下情不可遍見，故在上聞而知天下。文王是既在上又在下的聖、知兼備者。《五行》引《大明》旨在説明作爲知識的聖、知相互貫通，融爲一體的道理。

二十一　聞君子道聰也

耷（聞）君子道，聣（聰）也。耷（聞）而智

（知）之，聖也。聖人智（知）而道也[1]。智（知）而行之，義也。行之而時，悳（德）也。見臤（賢）人，明也。見而智（知）之，智（知）也。智（知）而安之，息（仁）也。安而敬之，豊（禮）也。聖智（知），豊（禮）讐（樂）[2]之所䌛（由）[3]生也，五▨〔行之所和〕也。和則讐（樂），讐（樂）則[4]又（有）悳（德），又（有）悳（德）則[5]邦豪（家）舉（與）[6]。文王之見也女（如）此。"文▨〔王在上，於昭〕於天"，此之胃（謂）也。■【簡26～30】

●聞君子道，悤（聰）也。聞而知之，聖也。聖

1 聖人知而道也，帛經作"聖人知而道"，略同。帛傳引作"聖人知天之道"。

2 讐，同"藥"，讀爲"樂"。帛經、傳作"樂"。

3 䌛，簡31作"䌛"，用爲"由"。帛經殘，帛傳作"䌛"，讀爲"由"。

4 則，帛經同，帛傳作"而笱（後）"。

5 則，帛經同，帛傳作"而"。

6 邦豪舉，帛經、傳作"國家與"。春秋及戰國早中期文獻"邦家"，戰國中晚或漢代學者作轉録多作"國家"。類似例如郭店簡《老子》丙3："邦豪（家）緍（昏）𤔲（亂），安（焉）又（有）正臣"，邦家，帛書甲本同，乙本、王弼本作"國家"。

人知而道。知而行之，聖也[1]。行〔之而時，悳（德）也。見賢人，明也〕。見而知之，知也。知而安之，仁也。安而敬之，禮也。〔聖知，禮樂之所由生也，五行之所和也。和〕則樂，樂則有德，有德則國家與。〔文王之見也如此〕。詩曰：“文〔王在上，於昭〕于天”，〔此之胃（謂）也〕。【帛經198 ~ 201】

● “聞君子道，𡂾（聰）也。”同之聞也，獨色然辯（辨）於君子道。道者，聖之臧（藏）於耳者也。

“聞而知之，聖也。”聞之而〔遂〕知亓（其）天之道也，是聖矣。

“聖人知天之道。”道者，所道也。

“知而行之，義也。”知君子之〔所〕道而掾（率）然行之，義氣也。

“行之而時，悳（德）也。”時者，和也；和也者，惠也。

---

1 聖也，簡27、帛傳281俱作“義也”，聖乃“義”字之誤。

“見賢人，明也。”同〔之見〕也，獨色然辨[1]於賢人，明也。明也者，知之臧（藏）於目者，明則見賢人。

“賢人而知之”。曰：何居？孰休烝此而遂得之，是知也。

“知而安之，仁也。”知君子所道而〔諤〕然安之者，仁氣〔也〕。

“安[2]而敬之，禮也。”既安止矣[3]，而有（又）秋（愀）秋（愀）然而敬之者，禮氣〔也〕。□□□□天道□。

“〔仁〕義[4]，禮樂所繇（由）生也。”言禮樂之生於仁義□□□□□□。

---

1 辨，《帛書》隸作“辯”，誤。池田知久據圖版改隸作“辨”，是。參池田知久：《馬王堆漢墓帛書五行研究》，東京：汲古書院，1993年，第377頁。

2 “安”字《帛書》隸作“行”，龐樸《校注》、魏啓鵬《校釋》、池田知久《研究》據帛書殘畫校正爲“安”，是。

3 “既安止矣”，《帛書》釋文作“既安之止矣”，似是排印之誤。池田知久釋文作“既安止矣”，是。參池田知久：《馬王堆漢墓帛書五行研究》，東京：汲古書院，1993年，第377頁。

4 仁義：簡本作“聖知”。

“〔五行之所和，和則〕樂。”和者，有猷（猶）五聲之和也。樂者，言其流體（體）也，機〔然忘寒也。忘〕寒，悳（德）之至也。

“樂而笱（後）有悳（德），有悳（德）而國家與。”國家與者，言天下之與仁義也，言其□□樂也。

“‘文王在尚（上），於昭于天’。此之謂也。”言大悳（德）備成矣。【帛傳279 ~ 288】

“同之聞也，獨色然辯（辨）於君子道。”甲、乙、丙同聞君子道，乙、丙聞而不辨其爲君子道，唯甲色然辨於君子道，是其“獨”也。“色然辨於君子道”者，辨別其爲君子道，心中溫潤而形於顏面爲玉色也。

“道者，聖之臧（藏）於耳者也。”整理者注謂據帛傳282行，當作“嘍（聰）也。嘍（聰）也者，聖之臧（藏）於耳者也”。可資參考。

“‘聞而知之，聖也。’聞之而〔遂〕知其天之道也，是聖矣。”聞君子道並進而形成對君子道的知識，亦即對君子道的正確理解，是已具備“聖”的認識能力。按：君子道或有合於天之道者，然君子道並不等於天之道，帛傳解

“君子道”爲“天之道”，與帛經有差别。

“‘聖人知天之道。’道者，所道也。”知天之道，簡26、帛經198皆作“知而道”。論者幾乎衆口一詞，謂“而”爲“天”字之誤。簡、帛經何以皆誤？筆者認爲這種可能性不大。竊疑“而”字不誤。而者，如也。聞外界之君子道而内化於心，心中之君子道如同外界之君子道，此所謂“知而道”也。若心中認知的君子道與外界之君子道有差異，則不可謂“知而道”也。《詩・小雅・都人士》“垂帶而厲”，鄭箋：“而，亦如也。”《易・明》象曰“用晦而明”，虞注：“而，如也。”

以上經文其實是三段論推理：

聞君子道　　聽也

聞而知之　　聖也

聖人知而道

“聞君子道”在這裏是聞而知君子道的意思，若聞而不知，則不可謂聽。爲便於説明問題，我們對上式稍作置换：

知君子道A	聽M	A—M
聞而知之M	聖B	M—B
聖人B	知君子道	B—A

“聰”與“聞而知之”是一個意思，屬命題中項。結論之“而道”即大前提之“君子道”。在“經”之思想體繫中，君子道並不等於天道。由此知“傳”改“而道”爲“天道”，不符合“經”內在的邏輯聯繫。

“道者，所道也”。“道”謂心中所認知的道。“所道”謂外界君子道。以上筆者依“經”作解。

“‘知而行之，義也’。知君子之〔所〕道而㨾（率）然行之，義氣也。”整理者注：“㨾然，下文290行作㑭然，皆讀爲率然，輕舉之貌。”龐樸云：“唯㑭，字書無，疑假爲憥。《廣韻》：憥，敕也，音剔。”[1]按讀“㨾然”爲“率然”可信，惟不當解作“輕舉之貌”。東方朔《非有先生論》（《文選》卷五十一）“今先生率然高舉”，李善注：“率然，輕舉之貌。”此《帛書》注所本。惟非有先生之“率然”與《五行》之“㨾然”涵義有差別，未可混爲一談。就《五行》文例來看，“㨾”乃“遂”之異寫，讀爲“率”。帛傳257：“正行之，直也。直而遂之，迣也。迣者，遂直者也。”直與義氣有關，㨾然猶率然，直行之貌。“㨾然行之”者，既知君子之道，率直行之，無須顧及其他之謂也。

---

1 龐樸：《帛書五行篇研究》，濟南：齊魯書社，1980年，第73頁。

《左傳》昭公十五年“率義不爽”，哀公十六年“率義之謂勇”，“率”皆謂直行也。

“‘行之而時，悳（德）也’。時者，和也；和也者，惪也。”關於“時”，筆者在第六章簡6“而時行之”已有解説，請參閲。魏啓鵬云：“《賈子·道術》：‘施行得理謂之德。’時，中也。《毛詩·小雅·賓之初筵》：‘以奏爾時。’《傳》‘時，中者也。’《孟子·萬章下》：‘孔子聖之時者也。’《韓詩外傳·三》作‘聖人之中者也’”。[1]按是説持之有故，言之成理。與拙解略有不同，然殊途同歸。

帛傳“和也者，惪也”，龐樸云：“惪爲德之誤。又：疑此兩德字皆爲樂之誤。”[2]按是説不可信。《書·舜典》“亮采惠疇”，傳：“惠，順也。”《詩·邶風·燕燕》“終溫且惠”，傳：“惠，順也。”和者，相應也。行而與時相應則順也。和惠連言，古多成句，《國語·周語中》：“惠所以和民也。”《周語下》：“言惠必及和。”魏啓鵬云：“惠，順也。《爾雅·釋言》：‘惠，順也。’順，循也。《釋名·釋言語》：‘順，循也。循其理也。’佚書謂順行天之道而中，中則和，

1 魏啓鵬：《〈德行〉校釋》，成都：巴蜀書社，1991年，第52頁。

2 龐樸：《帛書五行篇研究》，濟南：齊魯書社，1980年，第73頁。

和則順天之道也。”[1]魏說是也。

“‘賢人而知之’。曰：何居？孰休烝此而遂得之，是知也”。賢人而知之，賢人如所知之賢人，句式有如“聖人知而道”。《帛書》注認爲當作“見賢人而知之”，即“見”字脱重文符。龐樸依經改讀爲“見而知之，智也。”[2]按：依帛傳引經例，龐說是有道理的，然知其一不知其二也。第二十章已有“見而知之，知也”爲帛傳之目，此處若仍以“見而知之，知也”爲目，則已犯重。本章經文“見而知之，知也”承上文“見賢人，明也”，意思是說見而知其爲賢人，是知也。帛傳作者用解釋性的“賢人而知之”代替引經爲目，是爲避復而採取的權變性處置，對此我們不能認爲有誤。類似例子如本章簡29：“譥（樂）則又（有）悳（德）”，則，帛經同，帛傳作“而笱（後）”。以解釋語“而笱”代替帛經“則”，與“賢人而知之”同例。“何居”，《禮記·檀弓》“何居”，鄭注：“居，齊魯之間語助也。”孔疏譯讀爲：“是何道理乎。”“孰休烝此而遂得之，是知也”，孰，誰。休，美。烝，《說文》：“烝，火气上行也。”以上

1 魏啓鵬：《〈德行〉校釋》，成都：巴蜀書社，1991年，第52頁。

2 龐樸：《帛書五行篇研究》，濟南：齊魯書社，1980年，第73頁。

一節文字的大意是：外界賢人如同我心中所知的賢人。如果有人問：我們同見一人，你知道他是賢人，我卻不知，是何道理乎？回答說：讓我心中如此這般的賢人升顯出來，就能知道我所見的人誰美誰善，因此見而知賢人。有如我已演算X×Y＝XY，因而見此算式而知其答案；若未受初等教育，則見X×Y而不知爲何物也。

“知君子所道而〔諛〕然安之者，仁氣〔也〕”。諛然，參第二十六章266行解說。

“‘安而敬之，禮也’。既安止矣，而有（又）秋（愀）秋（愀）然而敬之者，禮氣〔也〕。”《爾雅·釋詁》：“安，定也。”“安”在句中是安穩、準確的意思。《墨子·經上》“禮，敬也”，孫詒讓閒詁：“《樂記》云：禮者，殊事合敬者也。”《經説上》“禮，貴者公，賤者名，而俱有敬僈焉。等異論也”，閒詁云：“言賤者稱貴者爲公而自名也。”筆者按：此謂以之爲貴則稱公，以之爲賤則稱名。稱“公”既有敬，又有僈；稱“名”亦既有敬，又有僈。如稱人爲公爲敬，自稱爲公爲僈；稱己之名爲敬，稱人之名爲僈。此乃從正反兩方面舉例説明“禮”的含義。所謂“等異論也”，閒詁云：“禮有貴賤尊卑等差之異。張云：論讀爲倫。”譚戒甫《墨經分類譯注》云：“《説文》：‘等，齊簡也；從竹寺。寺，官曹之等平也。’知等有齊一之義。論，讀爲倫，謂倫類，即今所謂階層。”[1]筆者按：讀“論”爲“倫”是也。惟《墨經》之“禮”已超越於等級、階層之上，此不可不知者。貴者有敬有僈，賤者亦有敬有僈。敬則合於禮，僈則爲非禮。是禮只與敬、僈相關涉，而與貴賤沒有直接聯繫。貴者之有禮與非禮，賤者之有禮與非禮，“等異倫也”。既知《經説上》解禮之“倫”，可知帛傳“安而敬之，禮也”應理解爲：準確把握分寸倫類而敬之，禮也。

以上所以詳辨《墨經》之“禮”者，是因爲《墨經》論禮之“等異倫”與《五行》解禮爲“恭而甫交”具有相通之處，對於我們理解《五行》之禮作爲行爲必然規範的認識論意義具有重要參考價值。説參第二十六章帛傳270行解説。

愀愀然，恭敬貌。《禮記·哀公問》：“孔子侍坐於哀公，哀公問：敢問人道誰爲大？孔子愀然作色而對曰：君之及此言也，百姓之德也，固臣敢無辭而對。人道政

1 譚戒甫：《墨經分類譯注》，北京：中華書局，1981年，第191頁。

爲大。”

“‘〔仁〕義，禮樂所繇（由）生也’。言禮樂之生於仁義□□□□□□□。”仁義，簡本作“聖知”。禮樂究竟是生於聖知，還是生於仁義，曾被學者作爲一個問題提出來[1]。按本章簡本言聖已及於義，所謂“聖人智（知）而道也。智（知）而行之，義也”是也；言知已及於仁，所謂“知而安之，仁也”是也。是簡本之聖知已包括仁義，而帛傳之仁義實已包括聖知，合而觀之可也。禮樂之生於聖知與禮樂之生於仁義沒有原則差別，只是側重點不同而已。正確的理解應該是：禮樂生於仁義聖知。

禮乃人之所以別於禽獸，爲人所必然遵循，樂是對自由的體驗。孔子從心所欲不逾矩，是既禮且樂者。借用當代語言作表述，由禮至樂是由必然王國至自由王國。《五行》禮樂之“禮”與等級制度之禮有差別，禮樂之“樂”與音樂之樂有區別，讀者當仔細體會。

學者對簡本“聖知，禮樂之所由生也”有不同讀法，郭店簡整理者、李零、陳麗桂等讀作“聖，知禮樂之所由

1 郭梨華：《簡帛〈五行篇〉中的禮樂考述》，本世紀出土思想文獻與中國古典哲學研究兩岸學術研討會論文，臺北輔仁大學，1999年1月。

生也”[1]，此讀不妥。

“‘〔五行之所和，和則〕樂’。和者，有猷（猶）五聲之和也。樂者，言其流體（體）也，機〔然忘寒也。忘〕寒，悳（德）之至也。”五聲之和，《淮南子·要略》：“夫五音之數，不過宮商角徵羽，然而五弦之琴不可鼓也，必有細大駕和，而後可以成曲。”《五行》之仁義禮知聖含義各不相同，然而相互聯繫，貫通一體，有如五聲之和也。“機然忘寒”説參第十五章。論者或釋“寒”爲“塞”，不可從。但凡人在認識活動完全進入狀態之時，就連走路都會撞在電綫杆子上，豈止“忘寒”！

“‘樂而笱（後）有悳（德），有悳（德）而國家與’。國家與者，言天下之與仁義也，言其□□樂也。”與，論者或謂“與”爲“興”字之誤，甚至直接録爲“興”字。按帛經傳“與”字不誤。郭店簡《緇衣》22：“古（故）君

1 荊門市博物館：《郭店楚墓竹簡》，北京：文物出版社，1998年，第150頁。李零：《郭店楚簡校讀記》，《道家文化研究》第17輯，北京：生活·讀書·新知三聯書店，1999年，第489頁。陳麗桂：《從郭店竹簡〈五行〉檢視帛書〈五行〉説文對經文的依違情況》，本世紀出土思想文獻與中國古典哲學研究兩岸學術研討會論文，臺北輔仁大學，1999年1月。

不與少（小）悬（謀）大，則大臣不悁（怨）。”《語叢四》12“﨤（早）與臤（賢）人，是胃（謂）渶（英）行。”與皆謂相與。邦家謂分封之諸侯，《國語·齊語》“桓公知天下諸侯多與己也”，韋注：“與，從也。”蓋有德之人，諸侯皆相與之，進而天下之人相與之。帛傳文意通順，自不必改字爲訓。魏啓鵬舊釋帛經“與”爲“從”，後爲簡本《五行》作箋證，改讀爲“譽”，引《吕氏春秋·孝行》：“名章榮，下服聽，天下譽。”[1]按：“有悳（德）而國家與”之“與”讀爲“譽”，也許可以講通。而帛傳“國家與者，言天下之與仁義也”，若讀“與仁義”之“與”爲“譽”，恐爲不辭。“仁義”本爲正面用語，何需譽也！“天下之與仁義”者，文王爲仁義之君，故天下相與也。

“‘文王在尚（上），於昭于天’。此之謂也。言大悳（德）備成矣。”“文王在上，於昭于天”見《詩·大雅·文王》。第三十一章332行另有詳解。

以上爲“聞君子道聰也”章。衆人同所聞，同所見，唯有辨别出其中的君子道，辨别出其中的賢人，心中愛而

1 魏啟鵬：《簡帛文獻〈五行〉箋證》，北京：中華書局，2005年，第26頁。

顏面有玉色者，纔能叫做具有“聰”“明”的辨識能力。辨別之並進而認知之，形成對君子道、對賢人的知識，這就具備了聖、知的思想。

知而行之，與義相應。知而安之，與仁相應。安而敬之，與禮相應。有了仁義禮知，不僅能遵循必然之禮，而且能得到自由之樂。仁義禮知聖是相應和的，是融會貫通的。能融會貫通則達至自由而成德。成德則邦人家人相與之。“邦家與”的成德典範是文王。文王在這裏其實是作爲《五行》認識學説的最高價值典範出現的。

本章還有一重要思想值得説明，認識的目的是爲了施之於行，此即所謂“知而行之”，施行則必須與客觀實際相應，此即所謂“行之而時，德也”。此一知行觀是當時思想家從實際經驗中總結出來的。《國語・周語中》：“故先王之教曰：雨畢而除道，水涸而成梁，草木解節而備藏，隕霜而冬裘具，清風至而修城郭宫室。故《夏令》曰：九月除道，十月成梁。其時儆曰：收而場功。偫而畚梮。營室之中，土功其始。火之初見，期於司里。此先王之所以不用財賄，而廣施德於天下者也。”可知所謂“行之而時”者，實踐必合於自然規律之謂也。

二十二　見而知之知也知而安之仁也

見而智（知）之，智（知）也。智（知）而安之，悬（仁）也。安而行之，義也。行而敬之，豊（禮）也。悬（仁）義[1]，豊（禮）[2]所鼀（由）[3]生也，四行之所和也。和則同，同則善。■【簡30～32】

見而知之，知也。知而〔安〕之，仁〔也。安而行〕之，義也。行而敬之，禮〔也〕。仁義，禮知之所繇（由）生也，四行之所和。〔和〕則同，同則善。【帛經201～202】

●“見而知之，知也。”見者，□也；知者，言繇（由）所見知所不見也。

“知而安之，仁也。”知君子所道而諛然●安之者，〔仁〕氣也。

“安而行之，義也。”既安之矣，而㩊（率）然行

---

1 悬（仁）義，帛經作“仁義”，帛傳作“仁知”。

2 豊，同“禮”，帛經作“禮知”，帛傳作“禮”。

3 鼀，簡28作“䌛”，用作“由”。帛經、傳作“繇”，讀爲“由”。

之，義氣也。

“行而敬之，禮也。”既行之矣，〔又〕秋（愀）秋（愀）然敬之者，禮氣也。所安、所行、所敬，人道也。

“仁知，禮之所繇（由）生也。”言禮生於仁義〔也〕。

“四行之所和。”言和仁義也。

“和則同。”和者，有猶〔五〕聲之和也。同者□約也，與心若一也，言舍夫四也，而四者同於善心也。同，善之至也，同則善矣。【帛傳289～294】

“‘見而知之，知也’。見者，□也；知者，言繇（由）所見知所不見也。”見是感覺，知則已有分析、判斷、推理，此所以帛傳解“知”爲由所見知所不見。

“知君子所道而諛然●安之者，〔仁〕氣也。”諛然，已見第二十章帛傳第283行，參第二十六章解説。“安之者”上原文有符號“●”，似爲帛書抄寫者誤加。

“所安、所行、所敬，人道也”。以上傳文承帛經“見而知之”，謂“知”與所“安”之“仁”，所“行”之

“義”，所“敬”之“禮”和而爲人道。

“‘仁知，禮之所由生也’。言禮生於仁義也。”仁知，簡、帛經作“仁義”。經之“仁義”已包括“知”，帛傳之“仁知”已包括“義”。如簡28：“聖智”，帛傳作“仁義”例。禮之所由生也，簡本作“禮所由生也”，帛經作“禮知之所由生也”。由《五行》內在結構可推知，仁的認知、義的認知，由此而產生禮。禮的產生過程中同時包含對禮的認知。因而以上文句雖然有差，含義則無別。《中庸》：“仁者，人也，親親爲大；義者，宜也，尊賢爲大。親親之殺，尊賢之等，禮所生也。”《中庸》禮之所生，仁義也。而“親親之殺”是仁中包含的等級，“尊賢之等”是義中包含的等級，因而《中庸》論述的“禮”之所生，同樣包含了對“禮”的認知。

簡本“仁義，禮所由生也”，整理者、李零讀作“仁，義禮所由生也”[1]，未妥。

“‘四行之所和’。言和仁義也。”和仁義，由於本章立論始於“見而知之”，因而“和仁義”實即和知仁義。禮與知、仁、義相和即四行。

---

1 李零：《郭店楚簡校讀記》，《道家文化研究》第17輯，北京：生活·讀書·新知三聯書店，1999年，第489頁。

“同者□約也。”“約”前帛書殘失一字，謹闕疑。魏啓鵬補爲“同者，守約也”，引有《孟子·公孫丑上》《盡心下》“守約”辭例。按帛本“約”上闕字尚存殘畫，若據殘畫復原，則不可能是“守”字。帛書《老子》甲30、70、102行均有“守”字，可據以復原。亦不可能是“獸”字，帛書《老子》甲36有“獸”字，與此殘畫不類。

“與心若一也，言舍夫四也”。舍同“捨”。仁義禮知既已在心中同而爲一矣，則不再以各自獨立的形式存在。有如欲成樂曲，必捨去五聲作爲單個音符的存在形式，相互應和方爲樂曲。

以上爲“見而知之知也知而安之仁也”章。由知而仁而義而禮，“禮”所由生之“仁、義”其實已包括“知”，唯獨不能包括“聖”。由仁義知所生出的“禮”是人所必然遵循之“禮”，是“人道”。在這一思想層次裹，有禮而無樂，也就是有遵循矩範之禮而沒有超越矩範之樂。能夠貫通仁義禮知四行，可以實現價值之“善”。作爲價值的“善”雖然不能同作爲價值的“德”相比，但善已是盡人力所能及，很不容易了。達至思想最高境界之“聖”，實現價值之“德”亦是可能的，這毋寧是説，客觀外界是可知的，不過只有聖人纔能達至真知，比較遙遠。有如成德之文王與天相通，作爲認識最高價值的文王總是在天上。

仁義禮知是互相聯繫的，此即所謂“和”；仁義禮知具有同一性，此即所謂“同”。“和則同”是《五行》認識學説的重要用語。在第三十章，《五行》的作者又將耳目鼻口手與心的關繫規定爲“和則同”，請參閲。

二十三　顏色容貌溫

顏色伀（容）[1]佼（貌）[2]恩（溫），㝸（變）也。㠯（以）亓（其）宙（中）心與人交，兊（説）也。宙（中）心兊（説）耋（焉）[3]，遷（遷）[4]於兄弟，豪（戚）[5]也，豪（戚）而信之，新（親）〔也〕。新（親）而

---

1 伀，字從人，公聲，讀爲“容”，帛經作“容”。

2 佼，讀爲“皃”，《説文》：“皃，容儀也。”或作“貌”。帛經作“貌”。

3 耋，字从“番”聲，讀爲“焉”，帛經作“焉”。

4 遷，讀爲“遷”，帛經、傳作“遷”。魏啓鵬讀爲“譽”，誤。參魏啟鵬：《簡帛文獻〈五行〉箋證》，北京：中華書局，2005年，第37頁。

5 豪，讀爲“戚”，帛經作“戚”，傳作“慼”。

管（篤）[1]之，炁（愛）也。炁（愛）父，亓（其）殺[2]炁（愛）人，悬（仁）也。■【簡32～33】

●顔色容〔貌溫，變〕也。以亓（其）中心與人交，説（悦）也。中心説（悦）焉，遷於兄弟，戚也，〔戚〕而信之，親〔也。親而篤之〕，愛也。愛父，亓（其）綫（殺）愛人，仁也。【帛經190下段～192】

“〔●顔色容貌溫〕，變也”。變者，勉（勉）勉（勉）也，孫（遜）孫（遜）也，能行變者也。能行變者，〔然笱（後）〕[3]心説[4]（悦），心〔説（悦）〕然笱（後）顔色容貌溫以説（悦），變也。

“以亓（其）中心與人交，説（悦）也”，教敎

1 管，讀爲“篤”，帛經殘，傳作“築”，讀爲“篤”。

2 殺，原簡字形有訛，帛傳作“殺”，帛經作“綫”。《帛書》注釋綫爲“繼”，解其繼爲“其次”。

3 “然笱”二字原缺失，試補，讀爲“然後”，與下文“然後”呈遞進句式。池田知久《研究》補爲“其中”。

4 “説”字原殘，龐樸《校注》謂“説”字重文，其説是。

□□□□□□……□是□説（悦）已。人無説（悦）心也者，弗遷於兄弟也。

“遷於兄弟，慼也”，言遷其〔説（悦）心〕於兄弟而能相慼也。兄弟不相耐者，非无所用説（悦）心也；弗遷於兄弟也。

“慼而信之，親也”，言信亓（其）〔膿（體）〕也。撝（剮）而（爾）四膿（體），予女（汝）天下，弗爲也。撝（剮）如（汝）兄弟，予女（汝）天下，弗悉（迷）也[1]。是信之已。信亓（其）〔膿（體）〕而笱（後）能相親[2]也。

“親而築（篤）之，愛也”，築（篤）之者，厚〔也〕[3]。厚親而笱（後）能相愛也。

“愛父，亓（其）殺愛人[4]，仁也”，言愛父而笱（後）及人也。愛父而殺亓（其）鄰〔之〕子，未可胃（謂）仁也。【帛傳248 ~ 255】

1 悉，同“迷”，惑也。

2 “親”下原有重文符，跳過“也”字讀。

3 “也”字依重文符省字例補。

4 殺，減也。其殺愛人，猶言其次愛人。

“變者，𢙇（勉）𢙇（勉）也，孫（遜）孫（遜）也，能行變者也。”𢙇𢙇，讀爲“勉勉”，勤勉貌。《詩·大雅·棫樸》“勉勉我王”，孔疏：“勉勉然勤行善道不倦。”其字又作“黽勉”，《詩·小雅·十月之交》“黽勉從事”，鄭箋：“自勉以從王事。”孫孫，讀爲“遜遜”，又作“恂恂”。《隸釋》卷八漢代《劉修碑》：“其於鄉黨，遜遜如也。”《論語·鄉黨》“孔子於鄉黨，恂恂如也”，注：“恂恂，溫恭之貌。”[1]“能行變者也”，謂勤勉、溫恭之人能將内在之仁行之於外，變爲外在之仁也。

以上“變者，𢙇𢙇也，孫孫也，能行變者也”，池田知久讀作“變者，𢙇也。𢙇者，孫也。孫，能行變者也”[2]。似亦可備一説。然勉勉、遜遜作爲連語，已有典籍例證，故本書不取是讀。

“以其中心與人交，説（悦）也。”中心，與“外心”（簡36）相對而言，將外在對象看做己之一體之心。此與簡5：“中心之憂”“中心之知”之“中心”略有差別。

---

1 參魏啓鵬：《〈德行〉校釋》，成都：巴蜀書社，1991年，第40頁。

2 池田知久：《馬王堆漢墓帛書五行研究》，東京：汲古書院，1993年，第308頁。

“是□説（悦）已。人無説（悦）心也者，弗遷於兄弟也。”帛傳殘失所引帛經“中心説焉”，未詳應補於何處。“是□説（悦）已”以下，應是“中心説焉”之傳。

“‘遷於兄弟，慼也’，言遷其〔説（悦）心〕於兄弟而能慼也。”遷於兄弟，《孟子·梁惠王上》：“《詩》云：邢於寡妻，至於兄弟，以御於家邦。言舉斯心加諸彼而已。”“遷於兄弟”與“至於兄弟”語義近。“言遷其”後殘失二字，龐樸《校注》補爲“悦心”，魏啓鵬《校釋》補爲“説（悦）心”，或是。

“兄弟不相耐者，非無所用説（悦）心也；弗遷於兄弟也。”耐，忍也。《荀子·仲尼》“能耐任之，則慎行此道也”，注：“耐，忍也。”《一切經音義》卷一引《蒼頡》：“耐，忍也。”《論語·八佾》“是可忍，孰不可忍也”，朱熹集注：“或曰：忍，容忍也。”兄弟不相耐也，兄弟不相容忍也。“弗遷於兄弟也”以上三句大意是説，兄弟不相容忍者，並非不能用悦心也（言下之意，能用悦心者，則兄弟能相互容忍也）；“兄弟不相耐者”，原因在於“弗遷於兄弟也”（愛心未能延伸至兄弟家族之故也）。原帛在“非無所用説（悦）心也”後有點號，其作用相當於分號。

"'慼而信之，親也'，言信其〔膿（體）〕也。"信，誠也。下文將兄弟譬若四體，言兄弟若手足也。待兄弟若己身，是爲信，是爲誠也。或釋"信"爲"伸"[1]，恐不可信。蓋仁本在心中（楚簡仁從身心），愛己之四體，是天生之仁也；不欺四體，是天生之信也。不欺四體，所以不以天下出賣己之四體也。仁之外行施於兄弟，對兄弟誠若己之四體，是"信"也。

"膿"字原帛有殘，字又見以下243行，亦殘。龐樸補爲"體"字[2]，可信。魏啓鵬補爲"親"字[3]，池田知久補爲"慼"字[4]。按該字尚可據原殘畫復原爲"膿"字，不可能是"親"字或"慼"字。

"撝（剮）如（汝）兄弟，予女（汝）天下，弗迷（迷）也。"迷，《帛書》注："疑當釋悉，讀爲屑。"按是説非也。字同"迷"，惑也。弗迷也，弗爲地位富貴所惑而出

1 龐樸：《帛書五行篇研究》，濟南：齊魯書社，1980年，第64頁。又《竹帛〈五行〉篇校注及研究》，臺北：萬卷樓圖書有限公司，2000年，第54頁。

2 龐樸：《帛書五行篇研究》，濟南：齊魯書社，1980年，第63頁。

3 魏啓鵬：《〈德行〉校釋》，成都：巴蜀書社，1991年，第41頁。

4 池田知久：《馬王堆漢墓帛書五行研究》，東京：汲古書院，1993年，第308頁。

賣兄弟也。參第二十九章帛傳307“不藏尤害人”説解。

以上爲“顔色容貌溫”章。第九章討論仁由外至内，亦即將客體之“仁”容納爲主體之“仁”；第十六章討論仁由内至外，亦即將主體之“仁”施之於客體，去影響客體，從而實現主體之仁的價值。本章是仁行之於外的具體化。主體之仁遷於兄弟，由戚而信而親而篤而愛，由愛父及於愛人之一般，天下歸仁，於是心中之仁變爲社會現實之仁。

附帶討論一個問題，簡33：“亹（戚）而信之，新（親）〔也〕。新（親）而筥（篤）之，悉（愛）也”，《郭店》注云：“本應作‘戚而信之，新（親）也’，因‘新’字加重文號，兼作下句首字，故省去其下‘也’字。”其説甚是。由於此類用例多見，我們將這種重文符省去句末語助詞的用法稱爲“重文符省字例”，僅帛書《五行》即有以下用例：

（1）帛194：敬而不解嚴﹅而威之尊也。

應讀：敬而不解，嚴也。嚴而威之，尊也。

（2）帛241：嚴猶㢢﹅敬之積者也。

應讀：嚴猶㢢也。㢢，敬之積者也。

（3）帛253：篤之者厚〻親而後能相愛也。

應讀：篤之者厚也。厚親而後能相愛也。

（4）帛295：人行之大〻者人行之□然者也。

應讀：人行之大也。大者，人行之□然者也。

（5）帛265：而有謂中〻心〻者諛然者。

應讀：而有謂中心也。中心者，諛然者。

（6）帛351：樂也者和〻者德也。

應讀：樂也者，和也。和者，德也。

凡遇重文符省字例，在閱讀時應補出所省之字。

《五行》帛傳第253行："信其膻（體）而笱能相親〻也而篤之，愛也。"

《帛書》整理者認爲"親"下的重文符應跳過"也"字讀，即該句應讀作："信其體而後能相親也，親而篤之，愛也。"此解甚確。我們可以將此類例稱爲"重文符跳讀例"，如：

（1）帛233：君子慎〻其〻獨〻也者。

應讀：君子慎其獨也。慎其獨者。

（2）帛233：獨然後一〻也者。

應獨：獨然後一也，一者。

（3）帛248：顏色容貌溫變〻也者，勉勉也。

應讀：顏色容貌溫，變也。變者，勉勉也。

（4）帛257：正行之直〻也而遂之，迣〻也者遂直〻者〻也□。

應讀：正行之，直也。直而遂之，迣也。迣者，遂直者也。直者□。

（5）帛258：□迣〻也而弗畏強禦，果也。

應讀：□迣也，迣而弗畏強禦，果也。

（6）帛267：敬而不解嚴〻也者，敬之不解者。

應讀：敬而不解，嚴也。嚴者，敬之不解者。

（7）帛348：好〻義〻者也之聞君子道而以之其義也。

（“者”字原脫重文符）

應讀：好義者也。好義者之聞君子道而以之其義也。

郭店楚簡中亦見其例：

戚（造）父之馯（御）馬〻也之道也。（郭店簡《尊德義》7）。

整理者的釋文爲：

戚（造）父之馯（御）馬，馬也之道也。

其注釋説："此句'馬'下'也'字衍。"按："馬也之道也"句確實彆扭，但將"馬"下"也"字解爲衍字，似有誤會古人之嫌，看來不是好的處理方法。該重文符應屬跳讀例，句例應作如下讀：

戚（造）父之馯（御）馬也，馬之道也。

可謂文從字順。

二十四　中心辯然而正行之

中（中）心諓（辯）肰（然）[1]而正行之，植（直）[2]也。悳（直）[3]而述[4]之，遞（泄）也。遞（泄）而不畏

1 諓肰，讀爲"辯然"，帛經、傳作"辯焉"，《小爾雅·廣言》："辨，別也。"

2 植，"直"之古文，帛經、傳作"直"。

3 悳，讀爲"直"，帛經、傳作"直"。

4 述，帛經殘，帛傳作"遂"。述謂循道而行。下文帛傳"遂直者也"，謂循直道也。龐樸云："遂，終也。"未妥。參龐樸：《竹帛〈五行〉篇校注及研究》，臺北：萬卷樓圖書有限公司，2000年，第57頁。

彊（彊）語（禦）[1]，果也。不㠯（以）少（小）道道䛳（害）[2]大道，柬（簡）也。又（有）大辠（罪）而大豉（誅）[3]之，行也。■【简33 ~ 35】

中心辯焉而正行之，直也。直而〔述之，泄〕也。〔泄而〕不畏強圉（禦），果也。而〔不〕以小道害大道，簡也。有大罪而大誅之，行也。【帛經192 ~ 193】

●“中心辯焉而正行之，直也”，有天下美食於此，許（吁）䁖（嗟）而予之，中心弗迷（迷）也[4]。惡許（吁）䁖（嗟）而不受許（吁）䁖（嗟），正行之，直也。

“直而遂之，泄也”，泄者，遂直者也。直者，□貴[5]□□□□□□□□□□□泄也。

---

1 彊語，帛經作“強圉”，讀爲“強禦”。帛傳作“強禦”。

2 䛳，讀爲“害”，帛經、傳作“害”。

3 豉，讀爲“誅”，帛經、傳作“誅”。

4 弗迷（迷）也：弗爲美食所惑而害己之正行也。

5 “貴”上一字殘存右旁“隹”，《帛書》注疑是“惟”字。

“迣〔而〕弗〔畏〕強禦，果也”，強禦者，勇力者，胃（謂）□□□□□□□□□□之以□□□，无介於心，果也。

“不以小道害大道，閒（簡）也”，閒（簡）也者，不以小〔愛害大〕愛，不以小義害大義也。見亓（其）生也，不食其死也，槊（然）親執株（誅），閒（簡）也。

“有大〔罪而〕大誅之，行也”，无罪而殺人，有死弗爲之矣；然而大誅之者，知所以誅人之道而□焉[1]，故胃（謂）之行。【帛傳256～262】

“有天下美食於此，許（吁）䧢（嗟）而予之，中心弗迷（迷）也。”吁嗟而予之，謂不以禮而予之食也。吁嗟，呼喚，招呼之聲也。帛傳307：“不受吁嗟者，義之理也。”《小爾雅·廣訓》：“吁嗟，嗚呼也，有所嘆美，有所傷痛，隨事有義也。”弗迷也，弗爲美食所惑而害己之正行也。《孟子·告子上》：“一簞食，一豆羹，得之則生，弗得

1 “而”後殘失一字，龐樸《校注》、池田知久《研究》補爲“行”字，或是。參第二十七章295行“大者，人行之□然者也”。

則死。呼爾而與之，行道之人弗受；蹴爾而與之，乞人不屑也。”《禮記·檀弓下》：“齊大饑，黔敖爲食於路，以待餓者而食之，有餓者蒙袂輯屨，貿貿然來，黔敖左奉食，右執飲，曰：‘嗟，來食。’揚其目而視之，曰：‘予惟不食嗟來之食，以至於斯也。’從而謝焉。終不食而死。”以上爲不受吁嗟之例。帛傳不受吁嗟云云旨在説明義之正行不受誘惑，“伯夷叔齊餓於首陽之下，民到於今稱之”（《論語·季氏》），孔子譽爲“求仁而得仁”（《論語·述而》），又夫子云：“不義而富且貴，於我如浮雲”（《論語·述而》）。以上爲不以飲食、富貴害於義之例。

“‘直而遂之，迣也’，迣者，遂直者也。”帛傳原文作“正行之直=也而遂之迣=也者遂直=者=也□”，此重文符跳讀例，學者已有正確的釋讀[1]。迣，字讀爲“跇”，《説文》“跇，述也”，段注謂“述”爲“逑”字之誤。今據簡本《五行》釋“述”爲“迣”，知鉉本《説文》不誤也。《史記·樂書》“騁容與兮跇萬里”，《漢書·禮樂志》作“體容與，迣萬里”，如淳注：“迣，超逾也。”《廣雅·釋詁二》：“迣，遮也。”有所遮攔，踰而行之，是爲跇也。有如“泄”

1 龐樸：《帛書五行篇研究》，濟南：齊魯書社，1980年，第65頁。

謂水遇阻攔，泄而行之也。所謂“直而遂之，迣也”，直道而循之，不避阻攔，此謂迣也。

“迣〔而〕弗〔畏〕強禦，果也。”強禦，《詩·大雅·蕩》“曾是強禦”，毛傳：“強禦，強梁御善也。”即剛愎自用，不用善言。《漢書·敘傳》：“曾是強圉，掊克爲雄。”強圉即強禦。《離騷》“澆身被服強圉兮，縱欲而不忍”，王逸章句：“強圉，多力也。”

“閒（簡）也者，不以小〔愛害大〕愛，不以小義害大義也。”不以小義害大義，《大戴禮·小辨》：“子曰：辨而不小。夫小辨破言，小言破義，小義破道，道小不通，通道必簡。是故循弦以觀於樂，足以辨風矣；爾雅以觀於古，足以辨言矣；傳言以象，反舌皆至，可謂簡矣。夫道不簡則不行，不行則不樂。”《易·繫辭上》：“易則易知，簡則易從。易知則有親，易從則有功。有親則可久，有功則可大。可久則賢人之德，可大則賢人之業。易簡而天下之理得矣。”《淮南子·泰族》：“孔子曰：小辯破言，小利破義，小義破道，小見不達，必簡。河以逶蛇故能遠，山以陵遲故能高，陰陽無爲故能和，道以優遊故能化。夫徹於一事，察於一辭，審於一技，可以曲説而未可廣應也。”可知

“簡”至少有以下幾方面的含義:(1)通過現象而認識事物本質,“通道必簡”,“易簡而天下之理得矣”是也。包括透過語言而認識事物,“爾雅以觀於古”“傳言以象”是也。(2)由具體到抽象,循弦觀樂以辨風是也。樂乃可知可感,而風俗人情則須經過綜合分析然後可得也。(3)由個別到一般,由一事、一辭、一技而至於廣應是也。(4)舍小而取大,“不以小義害大義”是也。

“見其生也,不食其死也。禁(然)親執株(誅),閒(簡)也。”《孟子·梁惠王上》:“君子之於禽獸也,見其生,不忍見其死;聞其聲,不忍食其肉。”禁,從示,肰聲,讀爲“然”。整理者最初隸作“祭”(1974年綫裝本),誤。此後改隸作“然”(1975年綫裝本,1980年八開精裝本)。學者或沿其誤而釋文作“祭”(龐樸《校注》、魏啓鵬《校釋》),令人費解。見其生,不食其死。然而(祭祀不可不具犧牲),必親執誅(以奉神靈),此爲大義而不得不有此抉擇也。

以上爲“中心辯然而正行之”章。不受美食之誘惑,不受強禦之威脅,不因小失大,一往無前,這就是義。義取其直而仁取其愛。《論語·子路》："葉公語孔子曰：吾黨有直躬者，其父攘羊，而子證之。孔子曰：吾黨之直者異於是，父爲子隱，子爲父隱，直在其中矣。"對於父犯法而子"大義滅親"，孔子甚不以爲然。父犯法自有國法治之，子於此隱於心可也。《韓詩外傳》卷四："子爲親隱，義不得正。君誅不義，仁不得愛。雖違仁害法，義在其中矣。"是謂君誅不義，於仁心有所不忍也；子爲親隱，於國法有所不合也。然在君則不得不誅，義在其中矣，在子則不得不隱，仁在其中矣。

二十五　貴貴其等尊賢

貴貴，亓（其）壵（等）[1]障（尊）[2]臤（賢），義也。■【簡35】

●貴貴，其等〔尊〕賢，義。【帛經193～194】

---

1 壵，讀爲"等"，帛經、傳作"等"。上博藏四《曹沫之陳》21："貴戔（賤）同壵（等）"同例。

2 障，同"尊"，帛經、傳作"尊"。郭店簡《語叢一》82："厚於義，尃（薄）於急（仁），障（尊）而不罣（親）。"障，《禮記·表記》作"尊"。

“貴貴,〔其〕[1]等尊賢，義也。”貴貴者，貴眾貴也。賢賢，長長，親親，爵爵，譔(選)貴者无私焉。亓(其)等尊賢，義也。尊賢者，言等賢者也，言譔(選)賢者也，言足諸上位。此非以亓(其)貴也，此亓(其)義也。貴貴而不尊賢，未可胃(謂)義也。【帛傳262 ~ 264】

“貴貴,〔其〕等尊賢，義也。”等，等級差別。既貴貴矣，又依其等差而尊賢，是爲義也。《孟子·萬章下》:“用下敬上，謂之貴貴。用上敬下，謂之尊賢。貴貴尊賢，其義一也。”《五行》“其等尊賢”與《孟子》“貴貴尊賢，其義一也”有細微差別。

“賢賢，長長，親親，爵爵。”《荀子·大略》:“貴貴，尊尊，賢賢，老老，長長，義之倫也。”龐樸《校注》、魏啓鵬《校釋》引。

“尊賢者，言等賢者也。”等賢者也，予賢者以相應之等也。

“足諸上位。”《帛書》注:“足，讀爲屬。”按:不必破

1 其，原帛脱，依帛經補。

讀，足猶得也。以上謂等其賢，擧其能，得之於位，此所謂尊賢也。《禮記·禮器》"百官皆足……此之謂稱也"，鄭注："足猶得也。"

以上爲"貴貴其等尊賢"章。從行文結構上説，本章與二十四章皆爲十七章之傳，似可合爲一章。然簡、帛經皆自"貴貴"另行分章，有特別突出尊賢之深意，姑從之。

本章言"貴貴"是爲了引出"尊賢"的命題。春秋戰國之各諸侯國乃家族統治，因而"貴"乃血統之貴，貴貴其實就是貴族統治秩序與制度的理論表述。在貴貴的權力圈子内，執政者貴而不必賢，至於賢而不貴者則被排除在圈子之外。《五行》"貴貴其等尊賢"的要義在於，在政治權力的分配上，除貴貴而外，還應讓賢者參加分配，承認賢者的等級地位，推擧賢能者，讓賢者擔任與其纔能相稱的官職。認爲如此這般，纔算得上尊賢。如果不是這樣，"未可謂義也"。

尊賢的思想在郭店簡、上博藏簡多數篇章中都有表述，非獨《五行》然。如《唐虞之道》8："炁辠（親）亢（忘）𢆶（賢），忎（仁）而未義也。尊𢆶（賢）遺辠（親），我

（義）而未忎（仁）也。”《唐虞之道》20：“遜（禪）也者，上直（悳）受（授）旻（賢）之胃（謂）也。上直（德）則天下又（有）君而世明；受（授）旻（賢）則民興效（教）而𤔲（化）虖（乎）道。不遜（禪）而能𤔲（化）民者，自生民未之又（有）也。”又上博藏二《子羔》6：“尭（堯）見叁（舜）之悳（德）臤（賢），古（故）讓之。”《容成氏》1：“〔尊〕膚（盧）是（氏）、茖（赫）疋（胥）是（氏）、喬結是（氏）、倉頡是（氏）、軒緩（轅）是（氏）、新（神）戎（農）是（氏）、椲（混）（沌）是（氏）、壚（爐）運（畢）是（氏）之有天下也，皆不受（授）亓（其）子而受（授）臤（賢）。”《容成氏》17：“禹乃五壤（讓）目（以）天下之臤（賢）者。”上博藏三《仲弓》7：“老老慈（慈）幼，先又（有）司，舉（舉）臤（賢）才，惑（宥）怨（過）惥（赦），正（政）之钔（始）也。”其例不勝枚舉。儒家倡導尊賢，並以堯舜禪讓爲最高的尊賢範本，其實是一種強烈的政治要求。

尊賢演變至後世，科舉是也；貴貴演變至後世，皇親國戚是也。

第二十九章簡44對尊賢另有具體闡述，請參閲。

二十六　以其外心與人交

㠯（以）亓（其）外心與人交，遠也。遠而𦛗（莊）[1]之，敬也。敬而不郄（解、懈）[2]，嚴也。嚴而畏[3]【簡36】之，障（尊）也。障（尊）而不喬（驕）[4]，共（恭）也。共（恭）而尃（伯）[5]交，豊（禮）也。■【簡36～37】

以亓（其）外心與人交，袁（遠）也。袁（遠）而裝（莊）之，敬也。敬而不解（懈），嚴〔也〕。嚴而威之，尊也。〔尊〕而不驕（驕），共（恭）也。共（恭）而博（伯）交，豊（禮）也。【帛經194～195】

●“以亓（其）外心與人交，袁（遠）也。”外心者，非有它（他）心也。同之心也，而有胃（謂）

1 𦛗，讀爲“莊”。帛經作“裝”，帛傳作“莊”。

2 郄，簡36反作“解”，帛經、傳亦作“解”，並讀爲“懈”。

3 畏，帛傳同，帛經作“威”。

4 喬，讀爲“驕”，帛經作“驕”，帛傳作“驕”。

5 尃，帛經作“博”，帛傳作“伯”“柏”。

外心也，而有胃（謂）中心〔也〕[1]。中心者，諛然者；外心者也，其罡諤（廓）然者也，言之心交袁（遠）者也。

“袁（遠）而莊之，敬〔也〕。”敬者，□□□□□。

“〔敬而不解（懈）〕，嚴〔也〕。”嚴者，敬之不解（懈）者，□[2]之責（積）者也，是厭[3]□□□□□□□。

“〔嚴而畏之，尊也〕。”□[4]之有（又）從而畏忌之，則夫閒何繇（由）至乎才（哉）？是必尊矣。

“尊〔而不驕，共（恭）〕也。”言尊而不有□□已事君與師長者，弗胃（謂）共（恭）矣。故斯役人之道□□共（恭）焉。共（恭）生於尊者。

“〔共（恭）而博交，〕禮也。”伯者，辯（辨）

---

1 “中心”二字原爲重文，“也”字依重文符省字例補。

2 闕文龐樸《校注》、池田知久《研究》補爲“敬”字，或是。

3 厭，《帛書》隸作“厭”，論者多從之，非是。按該字殘去右半，然據殘畫尚可辨是“厭”字。第十八章帛傳第241行：“厭，敬之責（積）者也”可參讀。

4 闕文應是“嚴”字，參第十八章帛傳第241行“嚴而後忌，尊”。

也，言其能柏（伯）[1]，然笱（後）禮也。【帛傳265～270】

“外心者，非有它（他）心也。同之心也，而有胃（謂）外心也，而有胃（謂）中心〔也〕。”外心，與“中心”相對而言，在心中與外在對象保持一定距離之心。《禮記·禮器》“禮之以多爲貴者，以其外心者也”，鄭玄注：“外心，用心於外，其德在表也。”鄭注不能令人滿意。

“中心者，誤然者；外心者也，其罳諤（廓）然者也，言之心交袁（遠）者也。”其罳諤（廓）然者，罳，《帛書》讀爲“願”，龐樸讀爲“嬛”[2]，皆所未安。罳《説文》“古文以爲靦字”，段注：“蓋亦謂徒有二目見人而已。”又：“靦，面見人也”，段注：“面見人謂但有面相對。”《詩·小雅·何人斯》“有靦面目”，毛傳：“靦，姡也。”釋文：“面醜也。”面醜乃今人所謂臉色難看。諤，讀爲“廓”，空也。廓然，面部表情與人保持距離貌。諤與上引毛傳之“姡”

1 柏，讀爲“伯”。經、傳之伯封、伯與，《漢書·古今人表》字作“柏”。

2 龐樸：《帛書五行篇研究》，濟南：齊魯書社，1980年，第68頁。

音義皆近，惟《詩》《傳》之靦、姡用其貶義，而《五行》之罒、諦是一種程式化的面部表情，合於禮而未必爲真情流露，蓋“外心”之故也。

陳麗桂云：“罒廓，意指保留一定空間，只求照面不求交心。”[1]其説甚是。

“〔嚴而畏之，尊也〕。”帛傳原缺此句，龐樸據經文補爲“嚴而威之，尊也”[2]，是。簡本“畏”，《郭店》讀爲“威”。按“畏”“威”兩存之可也，在己爲“威”，則在人爲“畏”。

“□之有（又）從而畏忌之，則夫閒何繇（由）至乎才（哉）？是必尊矣。”“之”前闕文可補爲“嚴”字。閒，與“畏忌”相對而言，讀爲“簡”，傲也，慢也。《孟子·離婁下》：“孟子獨不與驩言，是簡驩也。”《荀子·非十二子》“其容簡連”，注：“簡連，傲慢不前之貌。”《吕氏春秋·驕恣》“自驕則簡士”，注：“簡，傲也。”

“‘尊〔而不驕，共（恭）〕也’。言尊而不有□□已事

1 陳麗桂：《從郭店竹簡〈五行〉檢視帛書〈五行〉説文對經文的依違情況》，本世紀出土思想文獻與中國古典哲學研究兩岸學術研討會論文，臺北輔仁大學，1999年1月。

2 龐樸：《帛書五行篇研究》，濟南：齊魯書社，1980年，第68頁。

君與師長者，弗胃（謂）共（恭）矣。”魏啓鵬釋“已”爲“己”，讀爲“忌”，補闕文爲“以畏”，云：“《荀子·不苟》有云：‘君子恭敬縛絀以畏事人。’此‘以畏忌事人’之證也。又《論語·季氏》：‘君子有三畏，畏天命，畏大人，畏聖人之言。’以畏事君與師長，亦本三畏也。”[1]此説可通。

“故斯役人之道□□共（恭）焉。”斯，論者多讀爲“廝”，按字不當破讀。帛傳大意是説，役人之道生於恭也。恭敬之禮，既所以事君與師長，亦所以敬下（第十八章帛傳第241行“恭也者□□敬下也”），恭敬則於上下之間遊刃有餘，此所謂“役人”也。《莊子·大宗師》：“亡身不真，非役人也。若孤不偕、務光、伯夷、叔齊、箕子、胥餘、紀他、申徒狄，是役人之役，適人之適，而不自適其適者也。”“役人”是駕馭人，“役人之役”是爲他人所駕馭。

“‘〔共（恭）而博交，禮也〕。’伯者，辯也，言其能柏（伯），然笱（後）禮也。”博，簡本作“尃”，字讀爲“甫”，謂且字之甫也。《儀禮·鄉飲酒禮》“司正升相旅，曰：某子受酬”，鄭注：“旅，序也。……某者，衆賓姓也。同姓則以伯仲別之，又同則以且字別之。”賈疏：“衆

---

1 魏啓鵬：《〈德行〉校釋》，成都：巴蜀書社，1991年，第47頁。

賓之内有同姓，司正命之則呼伯仲別之也。云又同則以且字別之者，爲同姓之中有伯仲同者，則以某甫，且字別之也。”“恭而甫交”者，恭敬以且字之甫相交往，此爲禮也。伯者，辯也，“伯”謂禮之“伯某”，仲、叔、季亦曰仲某、叔某、季某。辯者，別也。言能別伯某、仲某、叔某、季某，然後可以依於禮也。帛傳將禮落實到伯仲叔季之稱呼，與《墨經》將禮落實到“貴者公，賤者名”具有相通之處，説參第二十一章帛傳284行解説。

以上爲“以其外心與人交”章。中心與外心，皆是心也，此所謂“同之心也”。若外在對象在親親的範圍之内，我以仁的角度看待之，是爲“中心”；若外在對象在親親的範圍之外，我以禮的角度看待之，是爲“外心”。

以其中心與人交，由説而戚而信而親而愛，由遷於兄弟，愛父而及於愛人之一般，是乃仁也。

由中心辯然而行之，由直而逑而迣而果而柬而行，由親親範圍内的“貴貴”進而推演出“尊賢”，是乃義也。

以其外心與人交，由遠而莊而敬而嚴而畏而尊而恭而甫交，是乃禮也。

甫交者，稱伯某、仲某、叔某、季某而與之交往。父於子女稱名，是其親也；禮則且字以甫，是其敬也。仁則近之親之，禮則遠之莊之，是仁、禮之大略也。

由家族至於國家，是歷史發展的必然趨勢；由仁及於義，是倫理發展的必然趨勢。代表家族利益的家天下最終將由代表人民意志的公天下所取代，是乃由貴貴及於尊賢，必然之理也。

關於“中心”與“外心”，盧瑞容云：“此處的‘外心’並不是什麼貳心，或排斥他人之心，反而是設身處地之心，同等地位之心。説一六謂：‘外心者，非有他心也，同此心也。’正説明‘外心’是一種視同之心。有了這種視同對待之心，纔會對他人產生‘敬’心。”[1]黄俊傑云：“《五行》篇所謂的‘外心’，是指社會習俗或禮儀傳統制約下，已經受到矯治了的‘心’，‘中心’與‘外心’的區别關鍵在於人的‘意向性’之内省或外鑠。”[2]汪義麗認爲：“‘外心’在本

1 盧瑞容：《馬王堆帛書〈五行篇〉中“義”與“德”的涵義探討》，《大陸雜志》第八十五卷第五期。

2 黄俊傑：《孟子後學對身心關繫的看法——以馬王堆漢墓帛書〈五行篇〉爲中心》，《孟子思想史論》卷一，第75頁；《清華學報》新20卷1期，1990年6月。

質上是源於‘中心’，但在實際踐履的作用上，它代表‘中心’的向外跨越……‘外心’能夠接觸到一個更遠大的世界。”[1]筆者按：中心與外心一內一外，一親一遠，主要爲説明仁與禮的區別點而設，除此之外並沒有什麼特別的涵義。以上學者對此恐怕是看得過於復雜了。

二十七　不柬不行

不柬[2]，不行。不匿，不辨於道。又（有）大皋[3]而大豉（誅）之，柬（簡）也。又（有）小皋而亦（赦）之，匿也。又（有）大皋而弗大豉（誅）也，不行也。又（有）小皋而弗亦（赦）也，不辨於道也。■【簡37～39】

〔不簡〕，不行。不匿，不辯（辨）於道。有大罪而大誅之，簡。有小罪而赦之，匿也。有大罪弗〔大

---

1 汪義麗：《論帛書〈五行篇〉中“心”與“氣”的關繫》，《孔孟學報》第七十一期，1996年。

2 簡本“柬”之字形與“東”混，《郭店》隸作“東”而校正爲“柬”，本書直接隸定爲“柬”。

3 皋，帛經、傳作“罪”。皋、罪古今字。

誅，不〕行。有小罪而弗赦，不辯（辨）〔於〕道。【帛經202 ~ 204】

〔“不簡不行。”簡也者〕，人行之大〔也〕[1]，大者，人行之□然者也[2]。世子曰：人有恆道，達□□□□□□□閒（簡）也，閒（簡）則行矣。

“不匿，不辨於道。”匿者，言人行小而軫者也。小而實大，大之□者也。世子曰：“知軫之爲軫也，斯公然得矣。”軫者，多矣；公然者，心道也。不周〔於〕匿[3]者，不辨於道也。

有大罪而大誅之，閒（簡）[4]；有小罪而赦之，匿也。有大罪而弗〔大〕誅，不行也。有小罪而弗赦，不辨於道也。【帛傳295 ~ 298】

---

1 “大”字重文，“也”字依重文符省字例補。

2 人行之□然者也，参第二十四章帛傳第261行“然而大誅之者，知所以誅人之道而□焉，故胃（謂）之行”。

3 匿，《帛書》隸作“四”，誤。茲據龐樸《校注》訂正。

4 “不周〔於〕匿者，不辨於道也。有大罪而大誅之，閒（簡）”，以上一段文字原帛誤置於第299行。

“〔‘不簡不行。’簡也者〕，人行之大〔也〕。”以上闕文依例試補。人行之大〔也〕，參第二十四章簡35“不以小道害大道，柬也”。《荀子·子道》：“從道不從君，從義不從父，人之大行也。”

世子，《漢書·藝文志》儒家有“《世子》二十一篇”，原注：“名碩，陳人也，七十子之弟子。”《論衡·本性》：“周人世碩，以爲人性有善有惡，擧人之善性，養而致之則善長；性惡，養而致之則惡長。如此，則性各有陰陽善惡，在所養焉。故世子作《養書》一篇。密子賤、漆雕開，公孫尼子之徒，亦論情性，與世子相出入，皆言性有善有惡。”（《帛書》注引）

“‘不匿，不辨於道。’匿者，言人行小而軫者也。小而實大，大之□者也。”匿，隱也。第二十八章簡40：“匿匿”猶“隱隱”。《國語·齊語》“則事可以隱令”，韋昭注：“隱，匿也。”“隱”之引申義謂同情心。軫，《史記·律書》：“清明風居東南維，主風吹萬物而西之。〔至於〕軫。軫者，言萬物益大而軫軫然。”軫之本義爲車輿，用作動詞謂容納。帛傳解軫爲大，爲多，這是由於軫相對於所容納之物爲大，爲多。所謂“言人行小而軫者也”，謂人行卑小之事，我以大度待之，猶軫之載物也。《荀子·子道》“入孝出弟，人之小行也”，楊倞注：“弟與悌同，謂自卑如弟也。”小而實大，小、大相比較而言，小的物體填充進大的物體，能容者方見其大也。《左傳》宣公十二年“實其言必長晉國”，杜注：“實猶充也。”大之□者也，大意是説，小而填充於大，乃大之容也。猶人之大器乃容得下小器。若容不下卑小之行，則我不比其大也。第二十八章簡39：“大而晏者”，帛傳204：“大而罕者”，闕文似可據以補爲“晏”或“罕”。晏者，安也。《爾雅·釋詁》“安，止也”，郝疏：“今人施物於器曰安，亦取止而不動矣。”今所謂安放、安插、安置即由此義引申而來。

“《世子》曰：‘知軫之爲軫也，斯公然得矣。’軫者，多矣；公然者，心道也”。“知軫之爲軫也，斯公然得矣”句，古以車軫承載，故近取譬。天之軫宿無所不容，無所不載，此所以爲大。車輿載物取其最大容量，此物盡其用之理也；人之愛人取其最大愛心，有容乃大也。知此理者，此心道得矣。心道，猶今言思想方法，認識方法。

“不周〔於〕匿者，不辨於道也。”以上十字原在帛傳第299行中段，茲據龐樸説移正[1]。周者，如圓之周，城之匝，事之遍，思想之全面也。不周者，猶幾何之圓而有扇形之缺，猶知其一而不知其二也。匿者，隱也，有如鳥翼覆雛，雛隱於其下也。鳥翼覆雛，覆其全體；人之愛心，盡其最大。不知其理者，不可謂明辨於道也。

“有大罪而大誅之，閒（簡）。”龐樸《校注》云：“自上段不周至此，凡十八字，帛書誤鈔於二九八行直之也下，茲據文意移正。”（同上注）此説甚是。“二九八行”應作“二九九行”。

以上爲“不柬不行”章。第十六章、二十三章論仁行於外之理。第十七章、二十四章論義行於外之理。至本章則論柬與匿、誅與赦不可偏廢之理。是乃仁與義並行而不廢，相輔而相成也。

1 龐樸：《帛書五行篇研究》，濟南：齊魯書社，1980年，第76～78頁。

二十八　柬之爲言猶練也

柬之爲言猷（猶）練[1]也，大而晏[2]者也。匿之爲言也猷（猶）匿匿也，少（小）而訪〈誇〉（軫）[3]者也。柬，義之方也。匿，𢖩（仁）之方也。㔙（剛）[4]，義之方〔也〕。柔，𢖩（仁）之方也。“不𨍏（競）不梂（絿），不㔙（剛）不矛（柔）”[5]，此之胃（謂）也。■【簡39～42】

簡之爲言也猷（猶）賀，大而罕者。匿之爲言也猷（猶）匿匿，小而軫者。簡，義之方也。匿，仁之方也。剛，義之方殹（也）。柔，仁之方也。詩曰：“不勮不救（絿），不剛不柔”，此之胃（謂）也。【帛經204～206】

---

1 練，帛經作“賀”，帛傳作“衡”。

2 晏，帛經作“罕”，帛傳作“炭”。

3 訪，“誇”之形訛，釋爲“軫”，帛經、傳作“軫”。

4 㔙，字从古文剛，讀爲“剛”。帛經、傳作“剛”。

5 不𨍏不梂，不㔙不矛，帛經作“不勮不救，不剛不柔”，帛傳略同。《詩·商頌·長髮》作“不競不絿，不剛不柔”。

“閒（簡）爲言猶衡也，大而炭者。”直之也[1]。

“匿爲言也猶匿匿，小而軫者。”直之也。

“閒（簡），義之方也；匿，仁之方也。”言仁、義之用心之所以異也。義之盡閒（簡）也；仁之盡匿。大〔義〕加大者，大仁加仁小者，故義取閒（簡）而仁取匿。

“《詩》員（云）：不勮不〔詸〕，不剛不柔，此之胃（謂）也。”勮者，強也。詸者，急也。非強之也，非急之也，非剛之也，非柔之〔也〕，言无所爭焉也。

“此之胃（謂）”者，言仁義之和也。【帛傳298 ~ 303】

“‘閒（簡）爲言猶衡也，大而炭者’。直之也。”帛傳本句涉及的問題較爲復雜，謹分述於次：

1. 簡本“柬（簡）之爲言猷（猶）練也，大而晏者也”。《郭店》注：“練，疑借作‘間’。”其後有學者進一步

---

1 “直之也”後原帛有“不周〔於〕匿者，不辨於道也。有大罪而大誅之，閒（簡）”一段文字，已調整至第二十七章，參該章注。

申其説[1]。或解爲“諫”[2]。按“練”猶“簡”也。《離騷》“苟余情其信姱以練要兮”，王逸章句：“練，簡也。中心簡練，而合於道要。”《禮記·月令》孟秋之月：“選士厲兵，簡練桀俊。”晏，《説文》：“晏，天清也。”《淮南子·繆稱》“暉目知晏，陰諧知雨”，注：“晏，無雲也。天將晏静，暉目先鳴。”晏有“安”意，参第二十七章帛傳296行解説，然此處以釋清爲義長。簡文大意是，事既簡練矣，則得其大要而清楚明白也。

2. 帛經“簡之爲言猷（猶）賀，大而罕者”。賀，《帛書》讀爲“加”，諸家多從之。按：如果考慮到帛傳“賀”作“衡”，則“賀”應讀爲“何”，“賀”“何”上古音同在歌部匣紐，在音理上具備通假的條件。《方言》卷七：“賀，儋也。”儋同“擔”。《小爾雅·廣言》：“荷，擔也。”《説文》：“何，擔也。”罕，讀爲“衎”，帛傳作“炭”。帛經之

1 武漢大學簡帛研究中心、荊門市博物館：《楚地出土戰國簡册合集（一）郭店楚墓竹書》，北京：文物出版社，2011年，第57頁。

2 龐樸認爲“練”乃“諫”之手誤，參龐樸：《竹帛〈五行〉篇校注及研究》，臺北：萬卷樓圖書有限公司，2000年，第71頁。魏啓鵬引《論衡·譴告》：“諫之爲言間也。”參魏啟鵬：《簡帛〈五行〉校箋》，臺北：萬卷樓圖書有限公司，2000年，第44～45頁。

賀、罕，理所當然須參照帛傳做出解釋。

3.帛傳之“衡”謂衡器也，今所謂天平。江陵鳳凰山一六八號漢墓所出天平橫杆墨書自名“稱錢衡”。人以肩何物形如天平以衡稱物，知“賀”“衡”含義相通。或謂“賀假爲衡”，未可從，蓋賀與衡古讀並不相近也。《荀子·禮論》:“故繩墨誠陳矣，則不可欺以曲直。衡誠縣矣，則不可欺以輕重。”炭，簡本作“晏”，帛經作“罕”，三字音近。“炭”“罕”應讀爲“衎”,《方言》卷十三“衎，定也”，郭注：“衎然，安定貌也。”帛傳句意謂：對事物的簡練認識好比用衡稱物，物雖重雖大，一經權衡，則能確定其價值。

所謂“直之”,《荀子·禮論》:“繩者，直之至。衡者，平之至，規矩者，方圓之至。禮者，人道之極也。”本書業已説明，“直之”是舉例以作比較，其值相當的意思，請參第十二章解説。

以上簡、帛經、帛傳釋“柬”與“簡”，殊途同歸。然喻體不同，用字各異，涵義各有側重，似未可強求一律也。《説文》:“柬，分別簡之也。從束八,八，分別也。”《爾雅·釋詁》:“柬，擇也。”又：“簡，大也。”《荀子·脩身》

“安燕而血氣不惰，柬理也”，注：“柬與簡同。言柬擇事理所宜，而不務驕逸，故雖安燕而不至怠惰。”亦可參讀。

“‘匿爲言也猶匿匿，小而軫者’。直之也。”匿匿，猶隱隱，謂惻隱也。小而軫者，謂仁人之心有如車軫，能承載弱小也。《九章·惜誦》“心鬱結而紆軫”，王逸章句：“軫，隱也。”洪興祖補注：“軫，痛也。”（《帛書》注引）若釋“軫”爲同情心，亦通。直之也，言以軫爲喻，猶引繩直曲也。

“義之盡閒（簡）也；仁之盡匿。大〔義〕加大者，大仁加仁小者，故義取閒（簡）而仁取匿。”

義之盡閒（簡）也，或讀爲“義之盡，簡也”，按此作一句讀也。簡有權衡取舍之義。有爲家取義者，有爲國取義者，有爲天下取義者。若必欲於家、國、天下之義作取舍抉擇，則爲家而取義，未爲“盡簡”也；爲國而取義，未爲“盡簡”也；必爲天下而取義，乃可謂“義之盡簡也”。依此理推之，堯知舜之賢，其師之歟？其以天下讓之歟？若師之而已，未爲“盡簡”也，必以天下讓之，乃爲“盡簡”也。

仁之盡匿，或讀爲“仁之盡，匿”，按此作一句讀也。

當着我心仁愛之輿具有承載吾之老、吾之小以及人之老、人之小之容量，若只承載吾之老、吾之小，未爲“盡匿”也。必同載人之老、人之小，方可謂“仁之盡匿”也。

大義加大者，謂義愈大，所取愈大，所舍亦愈大。《孟子·告子上》：“魚，我所欲也。熊掌，亦我所欲也。二者不可得兼，舍魚而取熊掌也。生亦我所欲也，義亦我所欲也，二者不可得兼，舍生而取義也。”

大仁加仁小者，謂仁愈大，仁心所及者愈小。及至仁如羽翼覆四海，則無小不覆也。

“非強之也，非急之也，非剛之也，非柔之也，言無所爭焉也。”爭，《帛書》隸作“稱”，龐樸改隸作“爭”[1]。《詩·商頌·長發》“不競不絿，不剛不柔，敷政優優，百祿是遒”，毛傳：“絿，急也。優優，和也。”鄭箋：“競，逐也。不逐，不與人爭前後。”據此以隸作“爭”爲是。

以上爲“柬之爲言猶練也”章。義取簡而仁取惻隱，義則不因小失大，仁則恩及於小。義之取大，仁之及小，二者不是爭而非此即彼的關繫，而是彼此應和，互輔共存

1 龐樸：《帛書五行篇研究》，濟南：齊魯書社，1980年，第78頁。

的關繫。

義之取大是一種權衡取舍，若能取其最大者而僅取其次，未可謂義也。

仁之及小決定於承載容量。社會之人有貧富之分，貧富之層積形如金字塔，愈下愈貧人口愈多其人愈弱小愈需要得到愛心。若仁之容量能及於最下而施仁僅及於其中，未可謂仁也。世子將仁愛之心比作車輿，“知軫之爲軫也，斯公然得矣”，誠哉斯語！余讀《五行》而後知世子之思想不同凡響，今日之論社會公平者，倘欲知相關思想之源流，當追溯自世子之“公”論，此不可不知者。

二十九　君子集大成

君子寨（集）[1]大[2]城（成）[3]。能進之，爲君子，弗能進也，各𡵂（止）於亓（其）里。大而晏[4]者，能又（有）取安（焉）。少（小）而軫者，能又（有）取

1 寨，“集”之異構，帛傳作“集”，帛經作“雜”，雜讀爲“集”。

2 大，帛傳同，帛經作“泰”。

3 城，讀爲“成”，帛經、傳作“成”。

4 晏，帛經作“罕”，帛傳作“炭”。

安（焉）。索膚（纑）膚（纑）[1]達者（諸）[2]君子道，胃（謂）之臤（賢）。君子智（知）而與（舉）[3]之，胃（謂）之障（尊）臤（賢）；智（知）而事之，胃（謂）之障（尊）臤（賢）。〔前，王公之障（尊）臤（賢）〕者也[4]；後，士之障（尊）臤（賢）者也。■【簡42 ~ 44】

●君子雜（集）泰（大）成。能進之，爲君子，不能進，客（各）止於亓（其）〔里〕。大而罕者，能有取焉。小而軫者，能有取焉。索纑纑達於君子道，胃（謂）之賢。●[5]君子知而舉之，胃（謂）之賢；君子從而事之，胃（謂）之尊賢。前，王公之尊賢者〔也；後〕，士之尊賢者也。【帛經206 ~ 209】

---

1 索膚膚，帛經作“索纑纑”，帛傳作“衡盧盧”。

2 者，讀爲“諸”，帛經、傳作“於”。

3 與，讀爲“舉”，帛經、傳作“舉”。

4 “前王公之障臤”原闕，或補在“者也”之後，此依廖名春説乙正。參廖名春：《郭店楚簡〈五行〉篇校釋札記》，廖名春：《出土簡帛叢考》，武漢：湖北教育出版社，2004年，第123頁。

5 帛經自“●”以下另行分章。

〔●“君子集大成。”成也〕者，猶造之也，猶具之也。大成也者，金聲玉辰（振）之也。唯金聲〔而玉振之者〕，然笱（後）忌（己）仁而以人仁，忌（己）義而以人義。大成至矣，神耳矣！人以爲弗可爲□，麻（靡）繇（由）至焉耳，而不然。

“能誰（進）之，爲君子，弗能進，各止於亓（其）里。”能進端，能終端，則爲君子耳矣。弗〔能〕進，各各止於亓（其）里。不莊（藏）尤割（害）人，仁之理也；不受許（吁）駐（嗟）者，義之理也。弗能進也，則各止於亓（其）里耳矣。終亓（其）不莊（藏）尤割（害）人之心，而仁腹（覆）四海；終亓（其）不受許（吁）駐（嗟）之心，而義襄（讓）天下。仁腹（覆）四海，義襄（讓）天下而成，繇（由）亓（其）中心行之，亦君子已！

“大而炭〔者〕，能有取焉。”大而炭也者，言義也，能有取焉也者，能行〔之也〕。

“〔小〕而軫者，能有取焉。”小而軫者，言仁也；能有取焉者也，能行之也。

“衡盧盧達〔於君子道，謂之賢〕。”衡盧盧也者，言亓（其）達於君子道也。能仁義而遂達於〔君子道〕，胃（謂）之賢也。

“君子知而舉之，胃（謂）之尊賢。”君子知而舉之也者，猶堯之舉舜□，□之舉伊尹也。舉之也者，成舉之也。知而弗舉，未可胃（謂）尊賢。

“君子從而士（事）之”也〔者〕，猶顏子、子路之士（事）孔子也。士（事）之者，成士（事）之也。知而弗士（事），未可胃（謂）尊賢也。

“前，王公之尊賢者也。後，士之尊賢者也。”直之也。【帛經304 ~ 316】

“〔‘君子集大成’。成也〕者，猶造之也，猶具之也。大成也者，金聲玉辰（振）之也。”

集大成，《禮記·學記》：“九年知類通達，強立而不反，謂之大成。”簡文集大成謂集五行以成德。第七章簡8：“德弗之不成。”成，特指思想經實踐而成於外。認識之仁義禮知聖是否型於內，須以行於外之“成”以證實之也。《中庸》對“誠”與“誠之”有專門論述，可參閱。

成也者，帛傳“成也”二字殘失，酌補。池田知久補爲“雜也”二字[1]。

造，就也。《説文》：“造，就也。”又：“成，就也。”造之猶成之，郭店簡《成之聞之》30~31：“君子貴成之。”

具，備也，謂五行皆備也。郭店簡《語叢三》39：“物不備，不成仁。”

金聲玉辰（振）之，参第十五章簡20注。《孟子·萬章下》：“孔子之謂集大成。集大成也者，金聲而玉振之也。”魏啓鵬引焦循《孟子正義》：“近時通解謂：金，鎛鐘也，聲以宣之於先。玉，特磬也，振以收之於後。條理是節奏次第，金以始此條理，玉以終此條理，所以集大成也。”[2]按：焦循説與《五行》“金聲而玉振之”不能相合。

“麻（靡）繇（由）至焉耳。”《帛書》注：“繇上一字，疑是檗之異體，見《説文·木部》，在此讀爲曷。”龐樸疑是“無”字之殘[3]。池田知久隸作“無”字[4]。陳偉隸作“麻”，

1 池田知久：《馬王堆漢墓帛書五行研究》，東京：汲古書院，1993年，第456頁。

2 魏啟鵬：《〈德行〉校釋》，成都，巴蜀書社，1991年，第60頁。

3 龐樸：《帛書五行篇研究》，濟南：齊魯書社，1988年，第81頁。

4 池田知久：《馬王堆漢墓帛書五行研究》，東京：汲古書院，1993年，第456頁。

讀爲“靡”[1]。玆從陳偉説。

“‘能誰（進）之，爲君子，弗能進，各止於其里’。能進端，能終端，則爲君子耳矣。弗〔能〕進，各各止於其里。”

進，登也，前也，行也，由所止之“里”有所前行也。進之，前行而終將達於大成也。進之的過程也就是認識水平提升的過程。進包含有“推”的意思，請參第三十一章解説。

各止於其里，各自停留在原有的認識水平。里，居也。古居住之里有等差，故以“里”喻心中之仁義禮知聖所達之等次也。

端，《墨經上》：“端，體之無序而最前者也。”《説文》：“耑，物初生之題也。”端乃事物之起始點，仁義禮知聖之行於外，以心爲起點，是“端”謂我心之仁義也。帛傳第309行“由其心中行之”，是其能進端也。及至仁覆四海，義讓天下，是其能終端也。《孟子·公孫丑上》：“惻隱之心，仁之端也。羞惡之心，義之端也。辭讓之心，禮之端也。是非之心，智之端也。人之有四端，猶其有四體也。”可以參讀。

---

1 陳偉：《簡帛五行對讀》，《湖南省博物館館刊》第1輯，長沙：船山學刊雜誌社，2004年，第104 ~ 105頁。

“不莊（藏）尤割（害）人，仁之理也；不受許（吁）㕛（嗟）者，義之理也。弗能進也，則各止於其里耳矣”。

不藏尤害人，不因藏尤物而害人。第二十三章帛傳第252行：“剮汝兄弟，予汝天下，弗迷也。”“天下”乃尤之極者，有如今言“最大的誘惑”，兩相參讀，文義自明。“尤”指尤物。《左傳》昭公二十八年：“夫有尤物，足以移人。”謂尤物誘人而移人心志也。藏謂藏寶，藏嬌之“藏”，《莊子·天下》有“藏金”，“藏珠”，《胠篋》有“室中之藏”，《大宗師》有“藏天下於天下”。《孟子·盡心下》：“人能充無欲害人之心，而仁不可勝用也。”簡文“不藏尤”與孟子“無欲”意近。《帛書》注解“尤”爲“怨恨”，魏啓鵬釋“尤”爲“怨人”，皆誤。龐樸讀尤爲“欲”[1]，亦有問題，尤、欲之通假，無是例也。

“不受許（吁）㕛（嗟）者，義之理也”，參第二十四章帛傳第256行：“吁嗟而予之，中心弗迷也。”《孟子·盡心下》：“人能充無受爾汝之實，無所往而不爲義也。”與此意近。

1 龐樸：《竹帛〈五行〉篇校注及研究》，臺北：萬卷樓圖書有限公司，2000年，第76頁。

“弗能進也，則各止於其里耳矣”，不藏尤害人，是亦仁也，然君子之仁非止於此也；不受吁嗟，亦是義也，然君子之義非止於此也。若不能由此而前行，則僅此而已，未能達於大成。“里”本指居住之里，此以“里”喻認識之所及。

“終其不莊（藏）尤割（害）人之心，而仁腹（覆）四海；終其不受許（吁）𧧘（嗟）之心，而義襄（讓）天下。仁腹（覆）四海，義襄（讓）天下而成，繇（由）其中心行之，亦君子已。”

“終其不受許（吁）𧧘（嗟）之心”，“終”謂由始至終，自此終彼，貫穿於整個過程，遍及於所涉範圍。《論語·衛靈公》“終日不食”，“終日”謂“整日”。《書·伊訓》“終於四海”，終謂遍於四海也。論者多讀終爲“充”，《儀禮·士冠禮》“廣終幅”，注：“終，充也。”《孟子·公孫丑上》：“凡有四端於我者，知皆擴而充之矣。若火之始然，泉之始達。苟能充之，足以保四海；苟不充之，不足以事父母。”又《盡心下》：“人能充無欲害人之心，而仁不可勝用也；人能充無穿踰之心，而義不可勝用也；人能充無受爾汝之實，無所往而不爲義也。”此持之有故，言之成理者。按《五行》之“終”,《孟子》之“充”，各有勝場，不必求一律。《孟子》之“充”側重於心之充，而《五行》之“終”與“端”相對而言，“端”在我心，“終”則指向我心之對象。可見《五行》之“終”則更明確地涵蓋認識與實踐的整個過程、整個場域，是不必讀終爲“充”也。

“仁覆四海”,《孟子·離婁上》:“繼之以不忍人之政，而仁覆四海矣。”

“義襄（讓）天下”,《帛書》注:“襄，猶言包括。《孟子·盡心下》:‘人能充無受爾汝之實，無所往而不爲義也。’意與此相近。”魏啓鵬云:“襄讀爲揚，謂義名揚天下。”[1]按：襄，讀爲“讓”，郭店簡《成之聞之》34:“襄而處戔”即讓而處賤。義讓天下者，臨事取義，惟義爲大，而不以天下爲大。此所以“剮汝兄弟，予汝天下，弗迷也”（第二十三章帛傳第252行）。傳説堯讓天下於許由，許由不受（《史記·伯夷列傳》）。郭店簡《唐虞之道》8:“禪，義之至也。”“禪”就是讓天下的意思。“義讓天下”文從字順，驗之於二重證據而無不合也。襄讀爲“讓”，可以無疑。

---

1 魏啟鵬:《〈德行〉校釋》，成都：巴蜀書社，1991年，第62頁。

“繇（由）其中心行之”，謂仁義由我心中行之而成於外也，猶建築師心中之藍圖成之而有外在之建築也。

以上數句龐樸讀作“仁覆四海，義襄天下，而成（誠）由其中心行之”[1]，按“成”下原有句讀符號，龐氏誤讀。

“‘衡盧盧達〔於君子道，謂之賢〕’。衡盧盧也者，言亓（其）達於君子道也。”衡盧盧，簡43作：“索膚（纑）膚（纑）”，帛經207作：“索纑纑”。《帛書》注：“索、衡疑皆率字之誤，纑、盧皆讀爲‘儢’。《禮記·中庸》：‘率性之謂道’，注：‘率，循也。循性行之是謂道。’《荀子·非十二子》：‘率道而行，端然正己，不爲物傾側，夫是之謂誠君子。’又：‘勞苦事業之中則儢儢然’，注：‘儢儢，不勉強之貌。’此處言學道之人不費力而可達到目的。”按：《帛書》注大致可從，惟“不費力”云云恐有欠缺。《駢雅》卷二：“録録、鹿鹿、娽娽、陸陸、碌碌，隨從也。”纑纑、儢儢作爲連語，與“碌碌”諸例同源，蓋與“轆轆”之連轉有關。就《五行》“膚膚”“纑纑”之語境來看，“集大成”是一個漸進積累的過程，若能不斷“進之”，若“轆轆”之連轉，則可能達於君子道，勝過他人而謂之“賢”。

1 龐樸：《帛書五行篇研究》，濟南：齊魯書社，1988年，第79頁。

"'君子知而舉之，胃（謂）之尊賢'。君子知而舉之也者，猶堯之舉舜□，□之舉伊尹也。舉之也者，成舉之也。"

堯之舉舜，郭店簡《窮達以時》2："舜耕於鬲山，陶拍於河浦，立而爲天子，遇堯也。"

□□之舉伊尹也，龐樸《校注》、魏啓鵬《校釋》補闕文爲"商湯"，讀作"猶堯之舉舜，商湯之舉伊尹也"。《帛書》、池田知久《研究》補爲"也湯"，讀作"猶堯之舉舜也，湯之舉伊尹也"。後説近是。

成，郭店簡《緇衣》40："苟有行，必見其成。"堯之舉舜，以天下讓之，此舉而必成事實也。下文"成事之也"相類。

"'君子從而士（事）之'也〔者〕，猶顏子、子路之士（事）孔子也。士（事）之者，成士（事）之也。知而弗士（事），未可胃（謂）尊賢也。"

"君子從而士（事）之"，依帛傳之例，當作"君子從而事之，謂之尊賢。君子從而事之也者……"帛傳引經有所省略。

"成士（事）之也"，謂執弟子之禮，非私淑之也。

“知而弗士（事），未可胃（謂）尊賢也。”按：以否定判斷補足文意，此帛傳邏輯嚴密之例也。

“‘前，王公之尊賢者也。後，士之尊賢者也’。直之也。”

前、後，依上文論述次序，“君子知而舉之”在前，“知而事之”在後。是“前”謂知而舉之，“後”謂知而事之。

“王公之尊賢者也”，《孟子・萬章下》：“堯之於舜也，使其子九男事之，二女女焉，百官牛羊倉廩備，以養舜於畎畝之中，後舉而加諸上位。故曰：王公之尊賢者也。”

直之也，援王公、士之例以直尊賢之含義。

以上爲“君子集大成”章。所謂“君子集大成”，是己仁而以人仁，己義而以人義。己仁己義是主體之仁，以人仁、以人義是施及於客體之仁。主體之仁義只有行而成客體之仁義，主觀見之於客觀，認識與實踐相統一，“大成至矣”。《五行》解“集大成”與歷代注疏家解《孟子》之“集大成”有很大的區別。

集大成是由主體之仁義不斷得到進益而實現的，不藏尤害人，不受吁嗟，是仁義之小者；然知取於此，“衡盧盧”而進之，最終將達至仁覆四海，義讓天下。

仁義外顯具有各種各樣的表現，何以見得行仁義而達至“君子道”？舉例來説，是否尊賢就是檢驗是否達至君子道的尺度（直之也）。如果王公知某人爲賢，就應推舉他；如果士知某人爲賢，就應奉事他。推舉之必須“成舉之也”，如堯之舉舜，將天下讓給他。奉事之必須“成事之也”，如顔回、子路拜孔子爲師，親執弟子禮。君子如此這般之“成”，無往而不成，是乃“集大成”。

三十　耳目鼻口手足六者

耳肙（目）[1]鼻口手足六者，心之返（役）[2]也。心曰唯[3]，莫敢不唯；如（諾）[4]，莫敢不如（諾）；進，莫敢不進；後，莫敢不後；宷（深）[5]，莫敢不宷（深）；

1 肙，同“目”，帛經、傳作“目”。

2 返，同“役”，帛經、傳作“役”。

3 唯，帛經同，帛傳作“雖”，雖讀爲“唯”。

4 如，帛經殘，帛傳作“若”，並讀爲“諾”。

5 宷，“深”字異構，帛傳323、324行作“深”。

淺（淺）[1]，莫敢不淺（淺）。和則同，同則善。■【簡45 ~ 46】

耳目鼻口手足六者，心之役也。心曰唯，莫敢不〔唯；心曰若（諾），莫〕敢不〔若（諾）；心〕曰進，莫敢不進；〔心曰後，莫敢不後；心曰深，莫敢不深〕；心曰淺，莫敢不淺。和則〔同，同則善〕。【帛經209 ~ 211】

●"耳目鼻口手足六者，心之役也"，耳目也者，說（悅）聲色者也；鼻口者，說（悅）犫（臭）味者也；手足者，說（悅）勶餘者也。〔心〕也者，說（悅）仁義者也。之（此）數體（體）者皆有說（悅）也，而六者爲心役，何□？曰：心貴也。有天下之美聲色於此，不義則不聽弗視也。有天下之美犫（臭）味於〔此〕，不義則弗求[2]弗食也。居而不閒尊長者，

1 淺，讀爲"淺"，帛經、傳作"淺"。

2 求，讀爲"齅"，《說文》："以鼻就臭也。"許就切。弗求弗食者，即令有天下之美臭美味於此，不合於義則不嗅不食也。

不義則弗爲之矣。何居？曰：幾不〔勝〕□□，〔小〕不勝大，賤不勝貴也才（哉）！故曰心之役也。耳目鼻口手足六者，人□□，〔人〕膿（體）之小者也。心，人□□，人膿（體）之大者也，故曰君也。

“心曰雖（唯），莫敢不雖（唯）”，心曰雖（唯），〔耳目〕鼻口手足音聲貇（貌）色皆雖（唯），是莫敢不雖（唯）也。若（諾）亦然，進亦然，退[1]亦然。

“心曰深，〔莫〕敢不深；心曰淺，莫敢不淺”，深者，甚也。淺者，不甚也。深淺有道矣。故父謼（呼），口〔含〕食則堵（吐）之，手執〔業〕則投〔之〕，雖（唯）而不若（諾），走而不趨[2]，是莫敢不深也。於兄則不如是亓（其）甚也，是莫敢不淺也。

“和則同”，和也者，小膿（體）變變然不圉（患）於心也，和於仁義。仁義，心。同者，與心若一也，□□約也，同於仁。仁義，心也，同則善耳。【帛傳 317 ~ 327】

---

1 退：簡本作“後”。

2 走而不趨：《禮記·玉藻》：“父命呼，唯而不諾，手執業則投之，食在口則吐之，走而不趨。”

“手足者，説（悦）𠐁餘者也。”𠐁餘，《帛書》注讀“𠐁”爲“佚”，讀“餘”爲“豫”，云：“‘佚豫’即安逸。”龐樸讀爲“佚愉”[1]。魏啓鵬讀“𠐁”爲“撤”，讀“餘”爲“蹠”，《廣雅·釋詁》：“撤，取也。”又：“蹠，行也。”“此句謂手之性好取物，足之性好行、跳也。”[2]按：𠐁餘既爲手足之所悦，與觸覺引起的快感有關，應讀爲“掣捈”或“掣曳”。𠐁上古音在月部透紐，掣在月部昌紐，於韻同部，於聲則同爲舌音，在音理上具備通假的條件。餘、捈諧聲。又：捈與曳音近義通，《説文》：“捈，臥引也，從手余聲。”同都切（魚部定紐）。《说文》：“臾，束缚捽抴爲臾。”羊朱切（侯部喻紐三等）。知捈、臾上古讀音於韻部爲旁轉，聲紐則定紐與喻紐關繫密切。《説文》“曳，臾曳也”，段注：“猶牽引也。”捈、臾、曳皆可釋“引”，可知“𠐁餘”猶“掣捈”，亦即經史習見之“掣曳”。《爾雅·釋訓》“甹夆，掣曳也”，郭注：“謂牽拕。”《詩·周頌·小毖》正義引孫炎注：“謂相掣曳，入於惡也。”邢疏：“掣曳

---

1 龐樸：《帛書五行篇研究》，濟南：齊魯書社，1988年，第82～83頁。又《竹帛〈五行〉篇校注及研究》，臺北：萬卷樓圖書有限公司，2000年，第78頁。

2 魏啟鵬：《〈德行〉校釋》，成都：巴蜀書社，1991年，第65頁。

者，從旁牽挽之言。"《文選》卷十二《海賦》"或掣掣洩洩於裸人之國。"掣洩即掣曳。"掣"字《説文》作"瘳"，"引縱曰瘳"。今俗字作"扯"。《説苑·復恩》："楚莊王賜群臣酒，日暮，酒酣，燈燭滅，乃有人引美人之衣者。"引謂掣曳使近之，猶今言扯扯拉拉。以上耳目鼻口分别與視覺、聽覺、嗅覺、味覺有關，則手足之"㔉餘"謂觸覺之快感，讀爲"掣曳"，可以無疑。《孟子·盡心下》："口之於味也，目之於色也，耳之於聲也，鼻之於臭也，四肢之於安佚也，性也。"《荀子·王霸》："人之情，口好味，而臭味莫美焉；耳好聲，而聲樂莫大焉；目好色，而文章致繁，婦女莫衆焉；形體好佚，而安重閒靜莫愉焉。"《孟子》之"安佚"、《荀子》之"佚"亦應指身體觸覺之愉悦感。

"此數體（體）者皆有説（悦）也，而六者爲心役，何□？"

"六者爲心役"，《荀子·正名》："形體色理以目異，聲音清濁調竽奇聲以耳異，甘苦鹹淡辛酸奇味以口異，香臭芬鬱腥臊洒酸奇臭以鼻異，疾養滄熱滑鈹輕重以形體異，説故喜怒哀樂愛惡欲以心異。心有徵知，徵知則緣耳而知聲可也，緣目而知形可也。然而徵知必將待天官當簿其類，然後可也。”《吕氏春秋·適音》:“耳之情欲聲，心不樂，五音在前弗聽。目之情欲色，心弗樂，五色在前弗視。鼻之情欲芬香，心弗樂，芬香在前弗嗅。口之情欲滋味，心弗樂，五味在前弗食。欲之者，耳目鼻口也。樂之弗樂者，心也。心必和平然後樂，心必樂然後耳目鼻口有以欲之。”

“何□”，龐樸、魏啓鵬補闕字爲“也”[1]，池田知久補爲“居”字[2]。

“居而不閒尊長者，不義則弗爲之矣。”謂尊卑長幼雜處，雜處則有手足奰餘之嫌也。古以避人而居曰“閒居”，《國語·楚語下》:“子高以疾閒居於蔡。”《禮記·孔子閒居》“孔子閒居，子夏侍”，疏:“退燕避人曰閒居。”是“不閒”謂不予回避也。

“幾不〔勝〕□□。”未詳。《帛書》注讀“幾”爲“豈”。龐樸、池田知久補“幾不”下闕文爲“勝”，魏啓鵬

1 龐樸:《帛書五行篇研究》，濟南：齊魯書社，1988年，第82頁。魏啟鵬:《德行校釋》，成都：巴蜀書社，1991年，第64頁。

2 池田知久:《馬王堆漢墓帛書五行研究》，東京：汲古書院，1993年，第485頁。

補爲“勝彰”[1]。

“心，人□□，人體（體）之大者也，故曰君也。”《管子·心術上》：“心之在體，君之位也。九竅之有職，官之分也。”《尸子·貴言》：“目之所美，心以爲不義。弗敢視也。口之所甘，心以爲不義，弗敢食也。耳之所樂，心以爲不義，弗敢聽也。身之所安，心以爲不義，弗敢服也。然則令於天下而行，禁焉而止者，心也。故曰：心者，身之君也。”

“‘心曰深，〔莫〕敢不深；心曰淺，莫敢不淺’，深者，甚也。淺者，不甚也。深淺有道矣。”深，發自内心深處的表尊重之語氣。淺，心不在焉的，表隨意之語氣。《墨子·大取》“子深其深，淺其淺，益其益，尊其尊”，孫詒讓閒詁：“以上似辯辭氣之異同。”唯與諾同爲應答語氣詞，然有深淺之不同。

“走而不趨。”《禮記·玉藻》：“父命呼，唯而不諾，手執業則投之，食在口則吐之，走而不趨。”（《帛書》、龐

1 龐樸：《竹帛〈五行〉篇校注及研究》，臺北：萬卷樓圖書有限公司，2000年，第77頁。池田知久：《馬王堆漢墓帛書五行研究》，東京：汲古書院，第485頁。魏啟鵬：《〈德行〉校釋》，成都：巴蜀書社，1991年，第66頁。

《校注》、魏《校釋》引）

“‘和則同’，和也者，小體（體）變變然不囷（患）於心也，和於仁義。仁義，心。同者，與心若一也，□□約也，同於仁。仁義，心也，同則善耳。”

“變變”，連語，参第二十三章帛傳248行：“變者，寃（勉）寃（勉）也，孫（遜）孫（遜）也。”

“患”，《禮記·樂記》“論倫無患”，注：“患，害也。”不害於心，謂小體不違於心也。

“同於仁。”龐樸讀爲“同於仁〔義〕”[1]。按：“同於仁”與“同於仁義”差别太大，此處如果没有明確的證據，不宜補字。

“仁義，心。”以上釋“和”也。謂感官之小體與心中之仁義相和也。

“同則善耳。”以上釋“同”也。依帛傳的行文邏輯，仁與義二者“同於仁”，而不是同於義，這似乎突出了“仁”的地位。

以上爲“耳目鼻口手足六者”章。耳目鼻口手足是人

1 龐樸：《帛書五行篇研究》，濟南：齊魯書社，1988年，第83頁。

的感覺器官，而心是人的思維器官。依照《五行》的説法，感官與思維是和而同一的。人對外界的感知受心的支配，去感知什麽對象，如何去感知，感知到什麽程度，無不由心所主宰。夫子所謂“非禮勿視，非禮勿聽，非禮勿言，非禮勿動”（《論語·顔淵》），説的也是這個意思。動物的感官是自然的，而人對外界的感知卻是有自覺能力的。如果無所不視，無所不聽，無所不㕑餘，則人性將無法區别於獸性。只有讓感官與心和而同一，乃所謂“善”。善的選擇促使人類由野蠻走向文明。

“和則同”不僅指感官與心的應和與同一，亦指認識諸因素即仁義禮智聖的應和與同一，參第二十二章。

《管子·心術上》：“心之在體，君之位也。九竅之有職，官之分也。耳目者，視聽之官也。心而無與於視聽之事，則官得守其分矣。夫心有欲者，物過而目不見，聲至而耳不聞也。故曰：上離其道，下失其事。故曰：心術者，無爲而制竅者也。”又《心術下》：“無以物亂官，毋以官亂心，此之謂内德。”心不干預耳目之視聽，則耳目可以客觀地反映外物。心有偏欲，則耳有偏聽，目有偏視。甚至聽而不聞，視而不見。可見心可以影響耳目視聽的正確性。

從另一方面說，外物之美色美音誘而使感官迷惑，耳目受制於聲色又使得血迷心竅，從而失去正確的思維和判斷。《心術》對於感官與心互動關繫的剖析，較之《五行》更爲深刻具體。

三十一　目而知之

目而智（知）之，胃（謂）之進之。俞（諭）[1]而智（知）之，胃（謂）之進之。辟（譬）[2]而智（知）之，胃（謂）之進之。幾[3]而智（知）之，天也。“上帝[illegible]（臨）[4]女（汝），毋弍（貳）[5]尔（爾）[6]心”，此之胃（謂）也。■【簡47 ~ 48】

〔目而〕知之，胃（謂）之進之。辟（譬）而知之，胃（謂）之進之。諭而知之，胃（謂）之進〔之。幾而

1 俞，帛經作“諭”，帛傳作“榆”，榆讀爲“諭”。

2 辟，帛經、傳同，讀爲“譬”。

3 幾，帛經殘，帛傳作“鐖”。鐖讀爲“幾”。

4 [illegible]，“臨”字異構，帛經、傳作“臨”。

5 弍，帛經作“膩”，帛傳作“湹”，今《詩·大雅·大明》作“貳”。

6 尔，帛經作“爾”，帛傳作“壐”，讀爲“爾”。

知之，天〕也。設〈詩〉曰：“上帝臨女（汝），毋膩（貳）爾心”，此之胃（謂）也。【帛經211 ~ 212】

●“目而知之，胃（謂）之進之”，弗目也，目則知之矣，知之則進耳。目之也者，比之也。“天監〔在〕下，有命既雜[1]”者也，天之監下也，雜命焉耳。遁（循）草木之生（性）則有生焉，而无〔好惡。遁（循）〕禽獸之生（性），則有好惡焉，而无禮義焉。遁（循）人之生（性），則巍然□□□仁義也。不遁（循）亓（其）所以受命也，遁（循）之則得之矣，是目之已。故目萬物之生（性）而□□獨有仁義也，進耳。“文王在上，於昭於天”，此之胃（謂）也。文王源[2]耳目之生（性）而知亓（其）〔好〕聲色也，源鼻口之生（性）而知亓（其）好犨（臭）味也，源手足之生（性）而知亓（其）好𠓭餘也，源〔心〕之生（性）則巍然知亓（其）好仁義也。故執之而弗失，

1 雜，参《詩·大雅·大明》：“天監在下，有命既集。”

2 源：“原”俗作“源”。《墨子·非命上》有所謂“三表”，“有本之者，有原之者，有用之者”，“於何原之，下原察百姓耳目之實”。

親之而弗離，故卓然見於天，箸（著）於天下，无它（他）焉，目也，故目人膿（體）而知亓（其）莫貴於仁義也，進耳。

●“辟（譬）而知之，胃（謂）之進之。”弗辟（譬）也，辟（譬）則知之矣，知之則進耳。辟（譬）丘之與山也，丘之所以不□名山者，不責（積）也。舜有仁，我亦有仁，而不如舜之仁，不責（積）也。舜有義，而我〔亦有義〕，而不如舜之義，不責（積）也。辟（譬）比之而知吾所以不如舜，進耳。

●“榆（諭）而知之，胃（謂）之進之。”弗榆（諭）也，榆（諭）則知之〔矣〕，知之則進耳。榆（諭）之也者，自所小好榆（諭）虖（乎）所大好。“茭（窈）芍（窕）〔淑女，唔（寤）〕眛（寐）求之。”思色也。“求之弗得，唔（寤）眛（寐）思伏（服）。”言亓（其）急也。“繇（悠）哉繇（悠）哉，婘（輾）槫（轉）反廁（側）。”言亓（其）甚□□。□如此亓（其）甚也，交諸父母之廁（側），爲諸？則有死弗爲之矣。交諸兄弟之廁（側），亦弗爲也。交〔諸〕邦人之廁（側），亦弗爲也。〔畏〕父兄，亓（其）殺畏人，禮也。繇（由）色榆（諭）於禮，進耳。

●“鐖（幾）而知之，天也。”鐖（幾）也者，齎數也。唯有天德者，然笱（後）鐖（幾）而知之。

“上帝臨女（汝），毋澺（貳）壐（爾）心。”上帝臨女（汝），☐鐖（幾）之也；毋澺（貳）壐（爾）心，俱鐖（幾）之也。【帛傳328 ~ 344】

“弗目也，目則知之矣，知之則進耳。目之也者，比之也。”

目，猶侔也。《墨子·小取》：“侔也者，比辭而俱行也。”《莊子·大宗師》“畸人者，畸於人而侔於天”，司馬注：“侔，等也。”《説文》：“侔，齊等也。”

進，猶推也。侔、譬、諭皆推理也。草木有性而無好惡，禽獸有好惡而無仁義，人之異於禽獸者，惟仁義耳。此侔而比其異同，而後可知也。帛傳第二十九章306行“進”作“誰”，誰、推古音同在微部，諧聲可通。《禮記·儒行》“下弗推”，鄭注：“推猶進也。”《墨子·小取》：“推也者，以其所不取之，同予其所取者，予之也。”目之比所以推之者，如下式：

A	草木	生		
B	禽獸	生	好惡	
C	人	生	好惡	仁義

侔而知B長於A者，“好惡”耳。C長於B者，“仁義”耳。此所謂目而知之也。

比，類比，比較。郭店簡《性自命出》16：“聖人比亓（其）頪（類）而侖（倫）會之。”《吕氏春秋·貴公》“不比於人”，注：“比，方也。”

“‘天監〔在〕下，有命既雜’者也，天之監下也，雜命焉耳。遁（循）草木之生（性）則有生焉，而無〔好惡。遁（循）〕禽獸之生（性），則有好惡焉，而無禮義焉。遁（循）人之生（性），則巍然□□□仁義也。”

“有命既雜”，《詩·大雅·大明》“天監在下，有命既集。文王初載，天作之合”，毛傳：“集，就也。”鄭箋：“天監視善惡於下，其命將有所依就，則豫福助之。”帛傳之“雜”、《大明》之“集”各有所取，宜並存。

“雜命焉耳”，物各有所受命，相錯而雜之，非一之也。

若不知人與禽獸之别，則違天之所“雜命”也。《易·繫辭下》“六爻相雜，唯其時物也”，疏：“六爻交相錯雜，唯各會其時，各主其事。”

“遁（循）草木之生（性）則有生焉”，循，順也，遵循也。草木有開花授粉，順之則生生不已。

“遁（循）禽獸之生（性），則有好惡焉”，如雎鳩之雌雄有關關之和聲也。《荀子·王制》：“草木有生而無知，禽獸有知而無義，人有氣有生有知，亦且有義，故最爲天下貴也。”

“遁（循）人之生（性），則巍然□□□仁義也”，缺字似可補爲“而獨有”[1]。巍然，猶俄然。巍，上古音在微部影紐，俄在歌部疑紐，韻部歌微旁轉，聲紐喉牙通轉。《春秋·公羊傳》桓公二年“俄而可以爲其有矣”，何注：“俄者，謂須臾之間，創得之頃也。”亦即現代漢語表領會、醒悟之“哦”。

“故目萬物之生（性）而□□獨有仁義也，進耳。”“獨

1 缺字《帛書》、龐樸《校注》（第84頁）、魏啓鵬《校釋》（第69頁）補爲“知其好”，池田知久《研究》（第506頁）補爲“知獨有”。

有”前原缺二字，龐樸、池田知久補爲“知人”[1]，魏啓鵬補爲“人體”[2]。前説爲優。

以上《帛傳》解“目而知之”爲二層意思，其一以人與草木禽獸比，比而知人之異於禽獸者在仁義。其二以耳目鼻口手足與心比，比然後知仁義超越於感官，乃心中之理念。由此説明：目之比不僅是長短之比，而且是由具體上升至抽象的思維功夫。

“‘辟（譬）而知之，胃（謂）之進之’。弗辟（譬）也，辟（譬）則知之矣，知之則進耳。”

辟，經典“譬”多作“辟”。辟，法也（《説文》）。譬，諭也（《説文》）。《論語・雍也》：“己欲立而立人，己欲達而達人，能近取譬，可謂仁之方也已。”《墨子・小取》：“辟稱比方則欲自並乎湯武。”凡稱譬者，多援例以爲法也，比擬也，此所以區別於諭。

簡本“諭而知之”在前，“辟而知之”在後，次序不同於帛本。

1 龐樸：《帛書五行篇研究》，濟南：齊魯書社，1988年，第84頁。池田知久：《馬王堆漢墓帛書五行研究》，東京：汲古書院，1993年，第506頁。

2 魏啓鵬：《〈德行〉校釋》，成都：巴蜀書社，1991年，第69頁。

"辟（譬）丘之與山也，丘之所以不□名山者，不責（積）也。舜有仁，我亦有仁，而不如舜之仁，不責（積）也。舜有義，而我〔亦有義〕，而不如舜之義，不責（積）也。辟（譬）比之而知吾所以不如舜，進耳。"

"丘之所以不□名山者"，缺字未詳，然不影響釋讀。大意是說，丘之所以不以（或"可"？）名山者，不積之故也。"名"在句中是動詞。池田知久補缺字爲"如"[1]，如此則"名山"成爲一個詞，未可從。

積，《荀子·勸學》："積土成山，風雨興焉。"又《儒效》："故聖人也者，人之所積也。人積耨耕而爲農夫，積斵削而爲工匠，積反貨而爲商賈，積禮義而爲君子。"又《性惡》："聖人者，人之所積而致矣。"（魏啓鵬《校釋》引）

"舜有仁，我亦有仁。"此思、孟習用之譬。《孟子·離婁下》："舜，人也；我，亦人也。舜爲法於天下，可傳於後世，我由未免爲鄉人也，是則可憂也。憂之如何？如舜而已矣。"《孔叢子·居衛》："孟軻問子思曰：堯舜文王之道，可力而致乎？子思曰：彼，人也；我，人也。稱其言，

---

1 池田知久：《馬王堆漢墓帛書五行研究》，東京：汲古書院，1993年，第525頁。

履其行，夜思之，晝行之，滋滋焉，汲汲焉，如農夫之赴時，商之趣利，惡有不至者乎。”

以上帛傳解“辟而知之”。譬丘之與山，是一譬也，譬而知所以有丘、山稱名之別者，丘之所積不如山也。譬我之與舜，是又一譬也，譬而知我之所以不如舜者，所積不如舜也。丘、山之積乃土石之積，我、舜之積乃仁義之積，譬仁義之積與土石之積，是譬中有譬也，譬而知主體之仁義亦是積累而得，猶土石之積累而成山也。

帛書《五行》傳之解經，準確精到而又有新的拓展，傳之與經可謂珠聯璧合。

“‘榆（諭）而知之，胃（謂）之進之’。弗榆（諭）也，榆（諭）則知之〔矣〕，知之則進耳。榆（諭）之也者，自所小好榆（諭）虖（乎）所大好。”諭，今所謂“比喻”。《孟子·梁惠王上》：“王好戰，請以戰喻。”《詩·周南·螽斯》孔疏：“喻猶曉也。取事比方以曉人，故謂之爲喻也。”《吕氏春秋·精通》：“君子誠乎比而諭乎彼，感乎己而發乎人。”《論衡·無形篇》：“以苞瓜喻之，苞瓜之汁，猶人之血也，其肌猶肉也。試令人損益苞瓜之汁，令其形如故，耐爲之乎？人不耐損益苞瓜之汁，天安能增減人之年？”

“‘繇（悠）哉繇（悠）哉，婘（輾）槫（轉）反廁（側）’。言其甚□□。□如此其甚也，交諸父母之廁（側），爲諸？則有死弗爲之矣。交諸兄弟之廁（側），亦弗爲也。交〔諸〕邦人之廁（側），亦弗爲也。〔畏〕父兄，其殺畏人，禮也。繇（由）色榆（諭）於禮，進耳。”

“輾轉反側”，以上引《詩》見《周南·關雎》：“窈窕淑女，寤寐求之。求之不得，寤寐思服。优哉游哉，輾轉反側。”

“言其甚□□。□如此其甚也”，此依《帛書》釋文，讀而不補缺字，可也。龐樸讀作“言其甚〔急也〕，如此其甚也”[1]。魏啓鵬讀作“言其甚〔若是也〕，如此其甚也”[2]。池田知久讀作“言其甚〔急也。急〕如此其甚也”[3]。

以上帛傳之解《詩》應由七十子之所傳，不僅揭示了認識之“諭”的含義，而且對於詩學史研究亦具有參考價值。關於《關雎》之主題，《詩大序》認爲是表現“后妃之

1 龐樸：《帛書五行篇研究》，濟南：齊魯書社，1988年，第86頁。
2 魏啓鵬：《〈德行〉校釋》，成都：巴蜀書社，1991年，第72頁。
3 池田知久：《馬王堆漢墓帛書五行研究》，東京：汲古書院，1993年，第533頁。

德”，“樂得淑女以配君子，愛在進賢，不婬其色，哀窈窕，思賢才，而無傷善之心焉。是《關雎》之美也。”而《五行》則直接了當地概括爲“思色”，思色而不爲禽獸之行，這就是禮。《五行》解《關雎》，全然與后妃之德無關。

關於《關雎》之表現手法，毛傳解爲“興也”，而《五行》則解爲“諭”，依照《五行》的解釋，思色是人之所以受命，是天性，而禮使人别於禽獸，思色而不違於禮，《關雎》一詩就是這樣“由色諭於禮”。所謂“興”，是指興起與比諭，這似乎較“諭”的説法更具概括性。但應該注意到，鄭玄解“興”爲“取善事以喻勸之”（《周禮·春官·大師》注），孔安國解爲“引毗連類”（何晏《論語集解》引）可知漢儒理解的“興”與“喻”相去未遠。至朱熹《詩集傳》方解爲“先言他物以引起所詠之辭也”，於是興之與喻判然有别矣。

“‘鐖（幾）而知之，天也’。鐖（幾）也者，齎數也。唯有天德者，然笱（後）鐖（幾）而知之。”

鐖，簡本作“幾”，帛本經殘失“幾而知之，天”計五字。鐖或讀爲“譏”，釋爲“察”；或讀爲“計”，釋爲

"謀"(《帛書》注)。或讀爲"機",釋爲吉凶先兆[1]。或讀爲"僟",釋爲"譏"[2]。今據簡本,知應以"幾"爲本字。《易·繫辭下》:"子曰:知幾其神乎。君子上交不諂,下交不瀆,其知幾乎。幾者,動之微,吉之先見者也。君子見幾而作,不俟終日。"動之微者,事務之始發也。始發而知之,知其發展方向,發展過程,發展結果也。始發之幾者,機也。《荀子·解蔽》說:"昔者舜之治天下也,不以事詔而萬物成。處一危之,其榮滿側;養一之微,榮矣而未知。故《道經》曰:'人心之危,道心之微。'危微之幾,惟明君子而後能知之。"注:"幾,萌兆也,與機同。"機之本義謂器械之所發,《説文》:"主發謂之機。"織機之主發以木爲之,至戰國弩機之主發以金爲之,此所以有機、鐖字形之異。"鐖而知之"作爲一種認識能力,猶莊子之"機心"也。《莊子·大宗師》:"其嗜欲深者,其天機淺。"天機是天道在人心中知所發,是與人的物欲相對的理性前知力。人之物欲過重,則迷失其天機矣。有如持弩在手,心中所志,手中所發,與身外之的切合無間,然後一發破的。

---

1 龐樸:《帛書五行篇研究》,濟南:齊魯書社,1988年,第87頁。

2 魏啓鵬:《〈德行〉校釋》,成都:巴蜀書社,1991年,第72頁。

若心中有雜念，未能凝神靜氣，則發而不知所之也。

《詩·大雅·瞻印》："天之降罔，維其幾矣。人之云亡，心之悲矣。"《書·皋陶謨》："安汝止，惟幾惟康，其弼直。惟動丕應，徯志以昭受上帝，天其申命用休。"《易·屯》六三："君子幾不如舍，往吝。"《易·繫辭上》："夫《易》，聖人之所以極深而研幾也。唯深也，故能通天下之志。唯幾也，故能成天下之務。唯神也，故不疾而速，不行而至。"《易·乾·文言》："知至至之，可與言幾也。"《莊子·至樂》："種有幾……萬物皆出於機，皆入於機。"丁四新據上引做歸納云："'幾'的深層內蘊當是指尚未揭蔽的狀態下，隱藏於實物、事件自身或其發展過程中的本質規定。"[1]其說可信。

齎數，猶心中有數，是對事物發展規律的準確把握。《廣雅·釋詁三》："齎，持也。"《漢書·律曆志》："數者，一、十、百、千、萬也，所以算數事物，順性命之理也。"《荀子·富國》："萬物同宇而異體，無宜而有用爲人，數也。"《荀子·天論》："所志於四時者，已見其數之可以事

1 丁四新：《郭店楚墓竹簡思想研究》，北京：東方出版社，2000年，第114頁。

者矣”，楊倞注：“數，謂春作夏長秋斂冬藏，必然之數。”《吕氏春秋·瘫塞》“世之直士，其寡不勝眾，數也”，高誘注：“數，道數也。”《管子·霸言》“夫舉失而國危……權重而令行，國其數也”，尹知章注：“數，猶理也。”

天德，合於自然之德。郭店簡《成之聞之》33：“小人變（亂）天棠（常）吕（以）逆大道，君子訂（治）人侖吕（以）川（順）天德。”又37：“昔者君子有言曰：聖人天德。害（盍）？言訢（慎）求之於吕（己），而可吕（以）至川（順）天棠（常）悛（矣）。”《墨子·天志中》：“觀其事，上利天，中利鬼，下利人，三利而無不利，是謂天德。”《禮記·中庸》：“唯天下至誠爲能經天下之大經，立天下之大本，知天地之化育……苟不固聰明聖知達天德者，其孰能知之？”《莊子·天地》：“君原於德，而成於天。故曰玄古之君天下，無爲也，天德而已矣。”《莊子·刻意》：“無天災，無物累，無人非，無鬼責，其生若浮，其死若休，不思慮，不豫謀，光矣而不耀，信矣而不期，其寢不夢，其覺無憂，其神純粹，其魂不罷，虛無恬淡，乃合天德。”《荀子·不苟》：“誠心守仁則形，形則神，神則能化矣；誠心行義則理，理則明，明則能變矣；變化代興謂之天德。”

“‘上帝臨女（汝），毋濭（貳）壐（爾）心’。上帝臨女（汝），□鐖（幾）之也；毋濭（貳）壐（爾）心，俱鐖（幾）之也。”

貳，不一也。毋貳爾心，與“上帝”一心也。與上帝一心者，其心合於天地之齋數也。《莊子・大宗師》：“故其好之也一，其弗好之也一。其一也一，其不一也一。其一與天爲徒，其不一與人爲徒。”“上帝臨女，毋貳爾心”見《詩・大雅・大明》，鄭箋：“臨，視也。女，女武王也。天護視女，伐紂必克，無有疑心。”按：《五行》引此《詩》，旨在説明幾而知之是一種在心中把握上帝，把握歷史機遇的能力。若不能幾而知之，就不能在討伐商紂這一重要機遇到來之時做出正確的決策。

以上爲“目而知之”章。上一章討論的是耳目鼻口手足等感官與心的關繫，從認識過程而言，由感官至心，屬於感性認識問題。本章討論的侔而知之，諭而知之，譬而知之，幾而知之，已包涵由已知推出未知，是乃理性認識問題。

侔之比是比較，比其優劣長短，禽獸與草木比而有好惡之別，人與禽獸比而有仁義之別，仁義之内涵經比較而可知也。諭之比是比喻，好色而弗交於兄弟之側，擧此例以明禮所以別禽獸。譬之比是比擬，擬之舜而知所積不如舜，然後知所以效法舜也。侔之比近於概念之所以明，諭之比近於判斷之所以成，譬之比近於推理之所從出。合而皆所謂進之，蓋由感性認識飛躍至理性認識也。

惟“幾而知之”的含義較爲特殊。所謂幾而知之，是人之心智充分發動而具有的認識能力，是與天道相通，合於自然本身的“天德”，是區別於人道，即高於人力所及之善而有如文武之聖所達至的認識境界。大凡天地時空數理，非耳目鼻口手足所能感知，只能“幾而知之”。“上帝臨汝”，上帝非侔之可知者，非諭之可知者，非譬之可知者，只能“幾而知之”，即只能在抽象思維中去把握上帝，體悟上帝的意旨，從而前知事務之發展。幾而知上帝下臨，與上帝一心，等於宣告真理在我這一邊。《五行》將真理的解釋權劃歸上帝，也許不是最好的辦法，但無疑是最聰明的最能解決問題的處理辦法。

簡本以目、諭、辟、幾爲序，而帛本以目、辟、諭、幾爲序。帛本作此調整，看來是有所考慮的。帛傳解目之時，援例以明仁義，以文王爲典範；解辟之時，亦援例以明仁義，而以舜爲典範；解諭之時，援例以明義，以人之一般爲對象；解“幾”之時，則以上帝爲最高範本，合之則仁義禮知聖具矣。

儒家以文武之道，仁覆四海，是乃以仁統一天下爲其時代特徵；堯舜之道，義讓天下，是乃以義爲其時代特徵。仁義共存而不可偏廢，是乃文武堯舜皆具仁義者。惟解“諭”則援“思色”以明禮，思色乃人所共有之屬性，因而“禮”勢必成爲人共同遵守之矩範。至於“聖”則是上帝的專利，僅有人之最傑出者能與之相通。細讀帛傳之援例，可以使我們對仁義禮知聖有更深刻的理解。

三十二　大施諸其人

大[1]坔（施）[2]者（諸）亓（其）人，天也。丌（其）

1 大，帛經、傳作“天”。

2 坔，帛經、傳作“生”。

人陘（施）[1]者（諸）人，䖒（據）[2]也。■【簡48～49】

天生諸亓（其）人，天也。其人施諸〔人〕，□也。其人施諸人，不得其人，不爲法。【帛經212～213】

●"天生諸亓[3]（其）人，天也。"天生諸亓（其）人也者，如文王者也。

"亓（其）人它（施）者（諸）人"也者，如文王之它（施）者（諸）弘夭、散宜生也。

"亓（其）人它（施）者（諸）人，不得亓（其）人，不爲法。"言所它（施）之者，不得如散宜生、閎夭者也，則弗〔爲法〕矣。【帛傳344～347】

"'天生諸亓（其）人，天也'。天生諸亓（其）人也

1 陘，帛傳作"它"，並讀爲"施"，帛經作"施"。

2 䖒，讀爲"據"。李零讀爲"狎"（同下注引李零《郭店楚簡校讀記》，第490頁），魏啟鵬讀爲"佮"（同下注引魏啟鵬《簡帛文獻〈五行〉箋證》，第45頁）

3 "亓"字原帛字形稍訛，或隸作"无"，解爲"其"之誤字。

者，如文王者也。”

“天生諸其人”句，簡本作“大施諸其人”。或以爲簡本“大”乃“天”之誤字[1]，未必。甚或釋文直接作“天”[2]，此類做法改字解經，過於粗放，不可取。帛本“天”在句中是與“道”相類的最高範疇，簡本“大”無疑與“天”“道”相聯繫。郭店簡《老子》甲22～23：“天大，埅（地）大，道大，王亦大。國中有四大安（焉），王凥（處）一安（焉）。人灋埅（地），埅（地）灋天，天灋道，道灋自肰（然）。”

“其人”是什麼人？帛本傳舉“文王”爲例以當之。“文王”是專名，是單稱，簡文“其人”不可能僅指某一人，因而“文王”應是“聖人”之一員。《五行》凡提到“文王”“武王”，往往是作爲“聖人”代名詞使用的。

“大”如何施諸“其人”？上一章論及人之理性認識

1 魏啟鵬釋文作“大埅（施）者（諸）其人”，注云：“簡文‘大’應爲‘天’字之誤。”參魏啟鵬：《簡帛文獻〈五行〉箋證》，北京：中華書局，2005年，第65頁。

2 李零釋文作“天施諸其人”，注云：“‘大’是‘天’之誤，據改。”參李零：《郭店楚簡校讀記》，《道家文化研究》第17輯，北京：生活·讀書·新知三聯書店，1999年，第492頁。

以及由此而產生的前知，人之所以能前知者，幾而知之也。知之者，知天也。“上帝臨女（汝），毋澺（貳）壐（爾）心”，依照《五行》的行文邏輯，能夠做到“幾而知之”者，聖人也。本章將人之知天（認識自然以及人類社會之規律）表述爲“大施諸其人，天也”，蓋春秋戰國之時，人僅爲天之附屬也。“大施諸其人，天也”的真實含義是：聖人認識天之“大”（天大、地大、道大、人大），這是“天”的安排。實際上也只有聖人纔能認識天道。

“如文王之它（施）者（諸）弘夭、散宜生也。”《史記·周本紀》謂文王善養老，“太顛、閎夭、散宜生、鬻子、辛甲大夫之徒皆歸之”。所謂“文王之施諸弘夭、散宜生”者，文王以其所稟受之“天德”施之於弘夭、散宜生也。

“亓（其）人它（施）者（諸）人，不得亓（其）人，不爲法。”此帛傳所引經，然簡本無此十二字。此十二字實際上是某《五行》傳承人對經文之某文本例如簡本“其人施諸人，廬也”所做的解釋，至帛傳則解釋語演變爲經文，帛傳在此基礎上又做出進一步解釋。

廬字帛經殘失，龐樸、池田知久補爲“人”字，魏啓鵬補爲“者”字。䖏從皿，虖聲。郭店簡《語叢三》50：“志於衍（道），虖（據）於悳（德）。”《論語·述而》：“據於德。”知虖讀爲“據”。䖏既以虖爲聲符，亦應讀爲“據”。上引《述而》“據於德”何晏集解：“據，杖也。德有成形，故可據。”據者，持也，今所謂依據。

以上爲“大施諸其人”章。論及“大”“其人”“人”之間的關繫，文義古奥，試説如下：

《論語·八佾》：“天下之無道也久矣，天將以夫子爲木鐸。”天以夫子爲木鐸者，天以夫子爲代言人，以傳佈天之道也。《論語·雍也》：“子曰：中人以上，可以語上也；中人以下，不可以語上也。”依照《論語》的行文邏輯，天之道藉夫子爲木鐸，夫子語其道以中人以上，中人以下無及焉。《五行》“大施諸其人，天也。其人施諸人，據也”，應由《論語》中的有關思想生發而出。

“大施諸其人，天也”，大者，天大，地大，人亦大（《説文》），自然之理也。郭店簡《語叢一》簡12：“有天有命，有施有型。”天以天之大、地之大、人之大施之於“其人”，其實是“其人”認識客體之“大”，型之於内心。心中之“大”與外在天之大、地之大、人之大相合無間，此所謂“天也”。

“其人施諸人，據也”，“其人”以心中所得之“大”施之於“人”，“人”型之於心，“人”欲知“大”，以“其人”爲據也。從文明傳承的角度說，“施”乃先人之所“施”，“得”乃後繼者之所得。

我們可以將以上命題做如下表述：聖人認識天理，而一般人則依據聖人而得知天理。此一思想具有普遍意義，有如古人欲知軍事科學，由《孫子兵法》及之。今人欲知共產主義學説，由馬克思及之。研究物理者欲知萬有引力定律，由牛頓及之。人若欲知短跑體能速度之極限，必須通過百米世界紀録創造者纔能及之。無論是政治、經濟、軍事、科技、學術，各行各業，惟有登峰造極者上通於天。這些登峰造極者是各自領域的領袖，是精英。而芸芸衆生以先賢爲法，拜能者爲師，盡其所能，就可以成就自己的事業。至於能有多少造化，平心靜氣地將自己與強者做一比較，就不難找到定位。人群中只有聖人上通天道，古往今來，聖人屈指可數，這是上帝的安排，“天也”！是《五行》揭示的道理。《論語・季氏》：“君子有三畏：畏天命，畏大人，畏聖人之言。”可不慎歟！

至於帛經“其人施諸人，不得其人，不爲法”，依帛傳所解，文王以天德施之於弘夭、散宜生，如果所施之人不如弘夭、散宜生者，不爲法。文王與弘夭、散宜生是互爲主體與客體的。在文王爲主體，則弘夭、散宜生爲客體。文王所施是文王的實踐活動，如果所施之對象是錯誤的，就不能成德。在弘夭、散宜生爲主體，則文王爲客體。當着商末周初之際，紂王逆天而文王得天，弘夭、散宜生歸順文王，是欲順天命所在，依據文王而得之。

以上帛書《五行》傳所説的道理具有很強的實用性，僅就人類文明傳承而言，爲師者應慎選學生，將自己所學所知傳下去，這是責任；爲學者應拜在能工巧匠門下，名師出高徒，這樣纔能讀到真經，得到真傳，此乃爲學之道。如果爲師者選擇的學生不具備相應的資質，爲學者所拜之師空有其名，“不爲法”！如果考慮到文明傳承中的種種付託非人，種種原因造成學術、技藝之失傳，乃至先輩開創的事業、先輩積累的財富毁之一旦，將不難體會到，《五行》所云“其人施諸人，不得其人，不爲法”，其義深矣。

《孟子·萬章上》：“天之生此民也，使先知覺後知，使先覺覺後覺也。”帛本改“大施諸其人”爲“天生諸其人”，其涵義變爲：天生之於文王，文王施之於弘夭、散宜生（此依帛傳解），其行文與孟子先知先覺説如出一轍。帛本經、傳如此改動，自另有其思想價值，但已與簡本有差異，這是我們應該知道的。

有必要指出：簡本“大施諸其人，天也”在句法上是通順的，而帛本“天生諸亓（其）人，天也”則顯得别扭。若緊扣句法，“天生諸其人，天也”是很難解釋的。依《孟子》“天之生此民”解爲“天生文王”，“諸”字如何落實？按常識解爲“天生之於其人”，則與《論語·述而》“天生德於予”類，“天生德於予”句中“生”是及物動詞，“德”是賓語，那麼原帛動詞“生”之賓語指什麼？“其人施諸人”，其人又是以什麼施於人？帛傳“天生諸亓（其）人也者，如文王者也”，對“諸”不作解。若我們勉強解前半句爲“天生德於文王”，大致可通，然全句爲“天生德於文王，天也”，“天生德於文王”文意已足，“天也”成贅餘。古人行文，諒非如是。

正是基於以上考慮，筆者不能同意簡本“大”爲誤字。簡本、帛本“大”“天”異文，穩妥的處理方式是各存其舊。

依《五行》之行文結構分析，“大”與第三十三章之“道”其義相涵。

三十三　聞君子道而説者

聋（聞）道而兑（説）者，好悬（仁）者也。聋（聞）道而畏[1]者，好【簡49】義者也。聋（聞）道而共（恭）者，好豊（禮）者也。聋（聞）道而𧬯（樂）[2]者，好[3]悳（德）者也。■【簡49～50】

●聞君子道而説（悦），好仁者也。聞道而〔畏，好〕義者也。聞道而共（恭），〔好〕禮者也。聞〔道〕而樂，有德者也。【帛經213～214】

“聞君子道而説（悦）者，好仁者也。”道也者，天道也。言好仁者之聞君子道而以之其仁也，故能説

1 畏，帛經殘，帛傳作“威”。

2 𧬯，同“藥”，讀爲“樂”。帛經、傳作“樂”。

3 好，帛經、傳作“有”。

（悦）也。説（悦）者，刑（形）也。

“聞君子道而威（畏），好義者也。”好義〔者〕之聞君子道而以之其〔義也〕，故能威（畏）也。威（畏）者，刑（形）也。

“聞道而共（恭），好禮者也。”言好禮者之聞君子道而以之其禮也，故能共（恭）。共（恭）者，刑（形）也。

“聞道而樂，有悳（德）者也。”道也者，天道也，言好德者之聞君子道而以夫五也爲一也，故能樂〔也〕。樂者，和〔也〕。和者，悳（德）也。【帛傳 347 ~ 351】

“‘聞君子道而説（悦）者，好仁者也’。道也者，天道也。言好仁者之聞君子道而以之其仁也，故能説（悦）也。説（悦）者，刑（形）也。”

“聞君子道”，簡本作“聞道”。《五行》有“人道”，有“天道”，有“君子道”，有“道”。在自然則天道，在人則人道。帛傳解君子道爲天道，則君子道乃天道與人道之在君子者。在客體則道，則君子道，在主體則有仁、義、禮、知、聖，和而成德。

説，郭店簡《性自命出》1：“凡人唯（雖）又（有）眚（性），心亡奠（定）志。峕（待）勿（物）而句（後）复（作），峕（待）兑（説）而句（後）行，峕（待）習而句（後）奠（定）。”又簡10～12：“凡𢿌（動）眚（性）者，勿（物）也；逆眚（性）者，兑（説）也；交眚（性）者，古（故）也；萬（勵）眚（性）者，宜（義）也；出眚（性）者，埶（勢）也；羕（養）眚（性）者，習也；長眚（性）者，衍（道）也。凡見者之胃（謂）勿（物），忞（快）於吕（己）者之胃（謂）兑（説）。”説，今所謂“悦”。

“好仁者也”，參本書第一、八、九、十六、二十三、二十八章。

形，具形於内心爲仁，表形於外爲悦。

“故能説（悦）也。説（悦）者，刑（形）也”，原作“故能説=也者刑（形）也”，“説”字重文符跳讀。

“‘聞君子道而威（畏），好義者也’。好義〔者〕之聞君子道而以之其〔義也〕，故能威（畏）也。威（畏）者，刑（形）也。”

威，《帛書》注讀爲“畏”。龐樸云：“‘八〇本’改威爲畏，似不切。道何可畏？可畏非道也。”[1]此後改釋文作“畏”，云：“畏，敬畏也。”[2]按簡本作“畏”，《帛書》注讀威爲“畏”是正確的。威，威儀也。畏，敬畏也。在人爲威儀，則在我爲畏；我取義則威儀凜然，人亦爲之畏矣。關於義與畏，參第二、十七、二十四、二十七、二十八章。

“好義者也”，原作“好義=者也”，“者”字脫重文符，“好義者”重文跳讀。

“故能威（畏）也。威（畏）者，刑（形）也”，原作“故能威=也者，刑（形）也”，“威”字重文符跳讀。

“好禮者也”，參第三、十八、二十六章。

“言好德者之聞君子道而以夫五也爲一也，故能樂〔也〕。樂者，和〔也〕。和者，悳（德）也。”

以夫五也爲一也：以仁義禮知聖爲一，非取其一端也。

“故能樂〔也〕。樂者，和〔也〕。和者，悳（德）也”，原文作“故能樂=者和=者悳也”，“樂”“和”重文符省

---

1 龐樸：《帛書五行篇研究》，濟南：齊魯書社，1988年，第89頁。

2 龐樸：《竹帛〈五行〉篇校注及研究》，臺北：萬卷樓圖書有限公司，2000年，第87頁。

“也”字。

以上爲“聞君子道而説者”章。是乃全文之收束。未言及知與聖，蓋聞道而悦，而畏，而恭，皆是知也。聞而知之，是亦聖也。和五行而成德，此樂而達至自由之境界也。

據第三十二章，“道”乃天施之於人，人之聞道而有仁、義、禮之不同，是仁者聞道以之其仁也，義者聞道以之其義也，禮者聞道以之其禮也。惟仁義禮知聖和而爲一，是乃聞道而樂而有德者也。

附　表

一　楚簡《五行》、帛經、帛傳章次對照表

第一章	簡1~2	帛經170	
第二章	簡1~2	帛經171~172	
第三章	簡2~3	帛經172	
第四章	簡3	帛經171	
第五章	簡3~4	帛經172~173	
第六章	簡4~6	帛經173~176	
第七章	簡6~9	帛經176~178	
第八章	簡9~12	帛經178~181	
第九章	簡12~13	帛經181~182	
第十章	簡14~15	帛經182~183	
第十一章	簡15~16	帛經183~184	帛傳215~220
第十二章	簡16	帛經184	帛傳221~224
第十三章	簡17~18	帛經184~186	帛傳224~227
第十四章	簡18~19	帛經186~187	帛傳228~229

续表

第十五章	簡19~20	帛經187~188、190	帛傳230~232 242~247
第十六章	簡21	帛經188~189	帛傳233~235
第十七章	簡21~22	帛經189	帛傳236~239
第十八章	簡22	帛經189~190	帛傳239~242
第十九章	簡22~24	帛經195~197	帛傳271~274
第二十章	簡25~26	帛經197~198	帛傳274~278
第二十一章	簡26~30	帛經198~201	帛傳279~288
第二十二章	簡30~32	帛經201~202	帛傳289~294
第二十三章	簡32~33	帛經190~192	帛傳248~255
第二十四章	簡33~35	帛經192~193	帛傳256~262
第二十五章	簡35	帛經193~194	帛傳262~264
第二十六章	簡36~37	帛經194~195	帛傳265~270
第二十七章	簡37~39	帛經202~204	帛傳295~298
第二十八章	簡39~42	帛經204~206	帛傳298~303
第二十九章	簡42~44	帛經206~209	帛傳304~316
第三十章	簡45~46	帛經209~211	帛傳317~327
第三十一章	簡47~48	帛經211~212	帛傳328~344
第三十二章	簡48~49	帛經212~213	帛傳344~347
第三十三章	簡49~50	帛經213~214	帛傳347~351

二　帛本行次與簡本章次對照表

帛本行次	簡本章次
170	一
171 ~ 172	二、三、四、五
172 ~ 173	五
173 ~ 176	六
176 ~ 178	七
178 ~ 181	八
181 ~ 182	九
182 ~ 183	十
183 ~ 184	十一
184	十二
184 ~ 186	十三
186 ~ 187	十四
187 ~ 188上段	十五
188 ~ 189	十六
189	十七
189 ~ 190上段	十八

续表

帛本行次	簡本章次
190下段	十五
190下段～192	二十三
192～193	二十四
193～194	二十五
194～195	二十六
195～197	十九
197～198	二十
198～201	二十一
201～202	二十二
202～204	二十七
204～206	二十八
206～209	二十九
209～211	三十
211～212	三十一
212～213	三十二
213～214	三十三

续表

帛本行次	簡本章次
215 ~ 220	十一
221 ~ 224	十二
224 ~ 227	十三
228 ~ 229	十四
230 ~ 232	十五
233 ~ 235	十六
236 ~ 239	十七
239 ~ 242	十八
242 ~ 247	十五
248 ~ 255	二十三
256 ~ 262	二十四
262 ~ 264	二十五
265 ~ 270	二十六
271 ~ 274	十九
274 ~ 278	二十
279 ~ 288	二十一

续表

帛本行次	简本章次
289 ~ 294	二十二
295 ~ 298	二十七
298 ~ 303	二十八
304 ~ 316	二十九
317 ~ 327	三十
328 ~ 344	三十一
345 ~ 347	三十二
347 ~ 351	三十三

附　録

帛書《五行》釋文

170 〔●仁〕刑（形）〔於内〕胃（謂）之悳（德）之行，不刑（形）於内胃（謂）之行。

171 知刑（形）於内胃（謂）之德之行，不刑（形）於内胃（謂）〔之行●義刑（形）〕於内胃（謂）之德之行，〔不刑（形）於内胃（謂）之〕

172 行。禮刑（形）於内胃（謂）之德之行，不刑（形）於内胃（謂）之行。聖刑（形）於内〔胃（謂）之德〕之行，〔不刑（形）於内胃（謂）〕

173 之行。德之行五，和胃（謂）之德，四行

和胃（謂）之善。善，人道也。德，天道也。君子毋（无）中〔心之〕

174 憂則无中心之知，无中心之知則无中心之説（悦），无中心之説（悦）則不安，不安則不樂，不樂則无德。〔君子〕

175 无中心之憂則无中心之聖，无中心之聖則无中心之説（悦），无中心之説（悦）則不安，不安則不樂，不樂則〔无〕

176 德。五行皆刑（形）於闕（厥）内，時行之，胃（謂）之君子。士有志於君子道胃（謂）之之（時）士。●善弗爲无近，

177 得（德）弗之不成，知弗思不得。思〔不〕睛（清）不察，思不長不得，思不輕不刑（形）。不刑（形）則不安，不安〔則〕

178 不樂，不樂則无德。不仁，思不能睛（清）；不知，思不能長。不仁不知，未見君子，憂心不能

179 〔祋（惙）祋（惙）；既見君子，心不〕能説（悦）。●詩曰："未見君子，憂心祋（惙）

祋（惙）。亦既見之，亦既鈎（覯）之，我〔心
180 則〕説（悦）。此〔之謂也〕。不仁，〔思〕不能晴（清）；不聖，思不能輕。不仁不聖，未見君子，憂心〔不能
181 忡忡〕；既見君子，心不〔能降〕。仁之思也晴（清），晴（清）則察，察則安，安則溫，溫則〔説（悦），説（悦）則戚，戚則親，親則〕
182 憂〈愛〉，憂〈愛〉則王色，王色則刑（形），刑（形）則仁。知之思也長，〔長〕則得，得則不忘，不忘則明，明則〔見賢人，見賢人則王色，王
183 色〕則刑（形），刑（形）則知。●聖之思也巠（輕），巠（輕）則刑（形），刑（形）則不忘，不忘則恖（聰），恖（聰）則聞君子道，聞君子道則王言，王言則〔刑（形），刑（形）則〕
184 聖。●“尸（鳲）叴（鳩）在桑，其子

七氏（兮）。叔（淑）人君子，其宜一氏（兮）”。能爲一然后（後）能爲君子，君子慎其獨〔也〕。“〔嬰（燕）〕

185 嬰（燕）于蜚（飛），⿰𧾷厷（差）池其羽。之子于歸，袁（遠）送于野。瞻望弗及，汲（泣）沸〈涕〉如雨。”能⿰𧾷厷（差）池其羽，然〔后（後）能〕

186 至哀。君子慎亓（其）獨也。●君子之爲善也，有與始也，有與終也。君子之爲德也，有與始

187 也，无與終也。●金聲而玉振之，有德者也。金聲，善也；王言，聖也。善，人道也；德，

188 天道也。唯有德者然笱（後）能金聲而玉振之之。不𢘻（變）不說（悦），不說（悦）不戚，不戚不親，不親不愛，不愛

189 〔不仁。不直不泄，不〕泄不果。不果不簡，不簡不行，不行不義。不袁（遠）不敬，不敬不嚴，不嚴不尊，不尊不

190 〔恭。不恭〕无〔禮〕。不〔悤（聰）不明，不明〕不聖，不聖不知，不知不仁，不仁不安，不安不樂，不樂无德。●顏色容〔貌溫，

191 變〕也。以亓（其）中心與人交，說（悅）也。中心說（悅）焉，遷於兄弟，戚也，〔戚〕而信之，親〔也。親而篤之〕，

192 愛也。愛父，亓（其）絲=（殺）愛人，仁也。中心辯焉而正行之，直也。直而〔述之，泄〕也。〔泄而〕

193 不畏強圉（禦），果也。而［不］以小道害大道，簡也。有大罪而大誅之，行也。●貴貴，其等〔尊〕

194 賢，義。以亓（其）外心與人交，袁（遠）也。袁（遠）而裝（莊）之，敬也。敬而不解（懈），嚴〔也〕。嚴而威之，尊也。〔尊〕

195 而不驕（驕），共（恭）也。共（恭）而博（伯）交，豊（禮）也。●未嘗聞君子道，胃（謂）之不悤（聰）。未嘗見賢〔人〕，

196 胃（謂）之不明。聞君子道而不知亓（其）

君子道也，胃（謂）之不聖。見賢人而不知亓（其）有德

197 也，胃（謂）之不知。見而知之，知也。聞而知之，聖也。明明，知也。壡（虩、赫）壡（虩、赫），聖〔也〕。“明明在下，壡（虩、赫）壡（虩、赫）在

198 上”，此之胃（謂）也。●聞君子道，悤（聰）也。聞而知之，聖也。聖人知而道。知而行之，聖也。行〔之

199 而時，悳（德）也。見賢人，明也〕。見而知之，知也。知而安之，仁也。安而敬之，禮也。〔聖

200 知，禮樂之所由生也，五行之所和也。和〕則樂，樂則有德，有德則國家與。〔文王之見也

201 如此〕。詩曰：“文〔王在上，於昭〕于天”，〔此之胃（謂）也〕。見而知之，知也。知而〔安〕之，仁〔也。安而行〕

202 之，義也。行而敬之，禮〔也〕。仁義，禮

知之所繇（由）生也，四行之所和。〔和〕則同，同則善。〔不簡〕，

203 不行。不匿，不辯（辨）於道。有大罪而大誅之，簡。有小罪而赦之，匿也。有大罪弗〔大誅，不〕

204 行。有小罪而弗赦，不辯（辨）〔於〕道。簡之爲言也猷（猶）賀，大而罕者。匿之爲言也猷（猶）

205 匿匿，小而軫者。簡，義之方也。匿，仁之方也。剛，義之方毆（也）。柔，仁之方也。詩曰：“不勮

206 不救（絿），不剛不柔”，此之胃（謂）也。●君子雜（集）泰（大）成。能進之，爲君子，不能進，客（各）止於亓（其）〔里〕。

207 大而罕者，能有取焉。小而軫者，能有取焉。索纑纑達於君子道，胃（謂）之賢。●君

208 子知而舉之，胃（謂）之賢；君子從而事之，胃（謂）之尊賢。前，王公之尊賢者

209 〔也；後〕，士之尊賢者也。耳目鼻口手足六者，心之役也。心曰唯，莫敢不〔唯；

210 心曰若（諾），莫〕敢不〔若（諾）；心〕曰進，莫敢不進；〔心曰後，莫敢不後；心曰深，莫敢不深〕；心曰淺，莫敢不淺。和則〔同，同則

211 善〕。〔目而〕知之，胃（謂）之進之。辟（譬）而知之，胃（謂）之進之。諭而知之，胃（謂）之進〔之。幾而知之，

212 天〕也。設〈詩〉曰：“上帝臨女（汝），毋膩（貳）爾心”，此之胃（謂）也。天生諸亓（其）人，天也。其人施諸〔人〕，□

213 也。其人施諸人，不得其人，不爲法。●聞君子道而說（悅），好仁者也。聞道而〔畏，

214 好〕義者也。聞道而共（恭），〔好〕禮者也。聞〔道〕而樂，有德者也。

215 ●“聖之思也輕”。思也者，思天也。輕者，尚矣。“輕則刑（形）”。刑（形）者，刑（形）亓（其）所思也。酉下子輕思

於翟，

216 路人如斬，西下子見其如斬也。路人如流，言其思之刑（形）也。“刑（形）則不忘”。不忘者，不忘其所□

217 也，聖之結於心者也。“不忘則嘍（聰）”。嘍（聰）者，聖之藏於耳者也，猶孔子之聞輕者之鼓而得

218 夏之盧也。“嘍（聰）則聞君子道”。道者，天道也，聞君子道之志耳而知之也。“聞君子道則〔玉

219 音〕”。□□□□□□而美者也，聖者聞志耳而知亓（其）所以爲□者也。“玉音則〔刑（形）〕”。□□

220 □□□□□□□□□□聖。

221 ●“尸（鳲）叴（鳩）在桑”。直之。“亓（其）子七氏（兮）”。尸（鳲）叴（鳩）二子耳，曰七也，與言也。“〔叔（淑）人君子〕，其〔宜一氏（兮）”。叔（淑）〕人者，〔直之。宜〕

222 者，義也。言亓（其）所以行之義之一心也。“能爲一然笱（後）能爲君子”。能爲一者，言能以多〔爲一〕；

223 以多爲一也者，言能以夫〔五〕爲一也。“君子慎亓（其）蜀（獨）也”。慎亓（其）蜀（獨）者，言舍夫五而慎亓（其）心之胃（謂）〔也。蜀（獨）〕

224 然笱（後）一也，一者，夫五夫爲□心也，然笱（後）德之一也，乃德已。德猶天也，天乃德已。“嬰（燕）嬰（燕）于（飛），駐（差）

225 貤（池）亓（其）羽”。嬰（燕）嬰（燕），與也，言亓（其）相送海（痗）也。方亓（其）化，不在亓（其）羽矣。“之子于歸，袁（遠）送於野。詹（瞻）忘（望）弗及，〔汲（泣）〕

226 涕如雨”。能駐（差）貤（池）亓（其）羽，然笱（後）能至哀。言至也。駐（差）貤（池）者，言不在嗺（衰）絰，不在嗺

（衰）絰也，然笱（後）能〔至〕
227 哀。夫喪正絰脩領而哀殺矣，言至内者不
在外也。是之胃（謂）蜀（獨）也。蜀
（獨）者，舍膻（體）也。
228 ●“君子之爲善也，有與始，有與終”。言
與亓（其）膻（體）始，與亓（其）膻
（體）終也。“君子之爲德也，有與始，无
229 〔與終”。有與始者，言〕與亓（其）膻
（體）始；无與終者，言舍其膻（體）而獨
亓（其）心也。“金聲〔而玉振之〕”。
230 □□□繇（由）德重善也者，有事焉者，可
以剛柔多鉿爲。故□善□□□□□□
231 也者，忌（己）有弗爲而美者也。“雖
（唯）有德者然笱（後）能金聲而玉辰
（振）之”。金聲而玉辰（振）之者，動□
而□□
232 井（形）善於外，有德者之□。
233 ●“不變不説（悦）”。變也者，窻（勉）
也，仁氣也。變而笱（後）能説（悦）。

“不説（悦）不慼（戚）”。説（悦）而笱（後）能慼（戚）所慼（戚）。“不

234 慼（戚）不親”。慼（戚）而笱（後）能親之。“不親不愛”。親而笱（後）能愛之。“不愛不仁”。愛而笱（後）仁。□

235 變者而笱（後）能説（悦）仁，慼仁，親仁，愛仁，以於親慼（戚）亦可。

236 ●“不直不泄”。直也者，直其中心也，義氣也。直而笱（後）能泄。泄也者，終之者也；弗受

237 於眾人，受之孟賁，未泄也。“不泄不果”，果也者，言其弗畏也，無介於心，□也。“不

238 〔果不〕閒（簡）”，閒（簡）也者，不以小害大，不以輕害重。“不閒（簡）不行”，行也者，言其所行之□□□。

239 “不行不義”，□□□□義也。“不袁（遠）不敬”。袁（遠）心也者，禮氣也。質近者，□弗能□，□

240 □□敬之。袁（遠）者，動敬心，作敬心者也。左靡而右飯之，未得敬□□□。

241 “不敬不嚴”，嚴猶厰〔也〕，厰，敬之責（積）者也。“不嚴不尊”，嚴而笱（後）忌，尊。“不尊不共（恭）”，共（恭）也者，□□

242 敬下也。共（恭）而笱（後）禮也，有以體（體）氣也。“不嘍（聰）不明”，嘍（聰）也者，聖之藏於耳者也；〔明也〕

243 者，知之臧（藏）於目者〔也〕。嘍（聰），聖之始也；明，知之始也。故曰不嘍（聰）明則不聖知，聖知必繇（由）

244 嘍（聰）明。聖始天，知始人；聖爲禞（高），知爲廣。“不知不仁”，不知所愛則何愛？言

245 仁之乘知而行之。“不仁不安”，仁而能安，天道也。“不安不樂”，安也者，言與

246 其體（體）偕安也者也，安而笱（後）能樂。“不樂無德”，樂也者流體（體），機然

忘寒，

247 忘寒，德之至也。樂而笱（後）有悳（德）。

248 “〔●顏色容貌溫〕，變也”。變者，葂（勉）葂（勉）也，孫（遜）孫（遜）也，能行變者也。能行變者，〔然笱（後）〕心說（悦），心〔說（悦）〕

249 然笱（後）顏色容貌溫以說（悦），變也。“以亓（其）中心與人交，說（悦）也”，敎敎□□□□□□……

250 □是□說（悦）已。人無說（悦）心也者，弗遷於兄弟也。“遷於兄弟，慼也”，言遷其〔說（悦）心〕

251 於兄弟而能相慼也。兄弟不相耐者，非无所用說（悦）心也；弗遷於兄弟也。“慼而

252 信之，親也”，言信亓（其）〔體（體）〕也。搗（剮）而（爾）四體（體），予女（汝）天下，弗爲也。搗（剮）如（汝）兄弟，予女（汝）天下，

253 弗迷（迷）也。是信之已。信亓（其）〔體（體）〕而笱（後）能相親也。“親而築（篤）之，愛也”，築（篤）之者，厚〔也〕。厚親

254 而笱（後）能相愛也。“愛父，亓（其）殺愛人，仁也”，言愛父而笱（後）及人也。愛父而殺亓（其）鄰〔之〕

255 子，未可胃（謂）仁也。

256 ●“中心辯焉而正行之，直也”，有天下美食於此，許（吁）眩（嗟）而予之，中心弗迷（迷）也。惡

257 許（吁）眩（嗟）而不受許（吁）眩（嗟），正行之，直也。“直而遂之，迣也”，迣者，遂直者也。直者，□貴□□

258 □□□□□□□□□迣也。“迣〔而〕弗〔畏〕強禦，果也”，強禦者，勇力者，胃（謂）□□□□□□

259 □□□□之以□□□，无介於心，果也。“不以小道害大道，閒（簡）也”，閒（簡）也者，不以小〔愛害

260 大〕愛，不以小義害大義也。見亓（其）生也，不食其死也，禜（然）親執株（誅），閒（簡）也。“有大〔罪而〕

261 大誅之，行也”，无罪而殺人，有死弗爲之矣；然而大誅之者，知所以誅人之道而□

262 焉，故胃（謂）之行。“貴貴，〔其〕等尊賢，義也”。貴貴者，貴眾貴也。賢賢，長長，親親，爵爵，譔（選）貴

263 者无私焉。亓（其）等尊賢，義也。尊賢者，言等賢者也，言譔（選）賢者也，言足諸

264 上位。此非以亓（其）貴也，此亓（其）義也。貴貴而不尊賢，未可胃（謂）義也。

265 ●“以亓（其）外心與人交，袁（遠）也。”外心者，非有它（他）心也。同之心也，而有胃（謂）外心也，而有胃（謂）中心〔也〕。中心

266 者，諛然者；外心者也，其⿰㗊⿰言郭（廓）然者也，言之心交袁（遠）者也。“袁（遠）而

莊之，敬〔也〕。”敬者，□

267 □□□□。“〔敬而不解（懈）〕，嚴〔也〕。”嚴者，敬之不解（懈）者，□之責（積）者也，是厰□□□□□□。

268 “〔嚴而畏之，尊也〕。”□之有（又）從而畏忌之，則夫閒何繇（由）至乎才（哉）？是必尊矣。“尊〔而不

269 驕，共（恭）〕也。”言尊而不有□□已事君與師長者，弗胃（謂）共（恭）矣。故斯役人之道□□

270 共（恭）焉。共（恭）生於尊者。“〔共（恭）而博交，〕禮也。”伯者，辯（辨）也，言其能柏（伯），然笱（後）禮也。

271 ●“未嘗聞君子道，〔胃（謂）之不〕嘍（聰）。”同之聞也，獨不色然於君子道，故胃（謂）之不嘍（聰）。“未

272 嘗見賢人，胃（謂）之不明。”同之見也，獨不色賢人，故胃（謂）之不明。“聞君子道而不知其

273 君子道也，胃人胃（謂）之不聖。”聞君子道而不色然，而不知亓（其）天之道也，胃（謂）之不聖。“見賢

274 人而不知亓（其）有悳（德）也，〔胃（謂）〕之不知。”見賢人而不色然，不知亓（其）所以爲之，故胃（謂）之不知。“聞而

275 知之，聖也。”聞之而〔遂〕知亓（其）天之道也，聖也。“見而知之，知也。”見之而遂知亓（其）所以爲

276 之□□，知也。“明明，知〔也。”知〕也者，繇（由）所見知所不見也。“赤（赫）赤（赫），聖”，貌也。□□言□□

277 □□□□□□□。“明明在下，赤（赫）赤（赫）在嘗（上），此之胃（謂）也。”明者始在下，赤（赫）者始在嘗（上），□□

278 □□□胃（謂）聖知也。

279 ●“聞君子道，嘍（聰）也。”同之聞也，獨色然辩（辨）於君子道。道者，聖之臧（藏）於耳者也。“聞

280 而知之，聖也。”聞之而〔遂〕知亓（其）天之道也，是聖矣。“聖人知天之道。”道者，所道也。“知而行

281 之，義也。”知君子之〔所〕道而搸（率）然行之，義氣也。“行之而時，惪（德）也。”時者，和也；和也者，惠

282 也。“見賢人，明也。”同〔之見〕也，獨色然辨於賢人，明也。明也者，知之臧（藏）於目者，明則見賢

283 人。“賢人而知之。”曰：何居？孰休烝此而遂得之，是知也。“知而安之，仁也。”知君子所道而〔譔〕

284 然安之者，仁氣〔也〕。“安而敬之，禮也。”既安止矣，而有（又）秋（愀）秋（愀）然而敬之者，禮氣〔也〕。

285 □□□□天道□。“〔仁〕義，禮樂所繇（由）生也。”言禮樂之生於仁義□□□□□

286 □。“〔五行之所和，和則〕樂。”和者，有

猷（猶）五聲之和也。樂者，言其流體（體）也，機〔然忘寒

287 也。忘〕寒，悳（德）之至也。“樂而笱（後）有悳（德），有悳（德）而國家與。”國家與者，言天下之與仁義也，言其□□

288 樂也。“‘文王在尚（上），於昭于天’。此之謂也。”言大悳（德）備成矣。

289 ●“見而知之，知也。”見者，□也；知者，言繇（由）所見知所不見也。“知而安之，仁也。”知君子所道

290 而諓然●安之者，〔仁〕氣也。“安而行之，義也。”既安之矣，而⿰亻殺（率）然行之，義氣也。“行而敬

291 之，禮也。”既行之矣，〔又〕秋（愀）秋（愀）然敬之者，禮氣也。所安、所行、所敬，人道也。“仁知，禮之所

292 繇（由）生也。”言禮生於仁義〔也〕。“四行之所和。”言和仁義也。“和則同。”和者，有猶〔五〕

293 聲之和也。同者□約也，與心若一也，言舍夫四也，而四者同於善心也。同，善

294 之至也，同則善矣。

295 〔“不簡不行。”簡也者〕，人行之大〔也〕，大者，人行之□然者也。世子曰：人有恆道，達□□□

296 □□□閒（簡）也，閒（簡）則行矣。“不匿，不辨於道。”匿者，言人行小而軫者也。小而實大，大之□

297 者也。世子曰：“知軫之爲軫也，斯公然得矣。”軫者，多矣；公然者，心道也。有小罪而赦

298 之，匿也。有大罪而弗〔大〕誅，不行也。有小罪而弗赦，不辨於道也。“閒（簡）爲言猶衡也，大而

299 炭者。”直之也。不周〔於〕匿者，不辨於道也。有大罪而大誅之，閒（簡）。匿爲言也猶匿匿，小而

300 軫者。直之也。“閒（簡），義之方也；匿，

仁之方也。”言仁、義之用心之所以異也。義之盡閒（簡）

301 也；仁之盡匿。大〔義〕加大者，大仁加仁小者，故義取閒（簡）而仁取匿。“《詩》員（云）：不勮不〔脙〕，

302 不剛不柔，此之胃（謂）也。”勮者，強也。脙者，急也。非強之也，非急之也，非剛之也，非柔之〔也〕，

303 言无所爭焉也。“此之胃（謂）”者，言仁義之和也。

304 〔●“君子集大成。”成也〕者，猶造之也，猶具之也。大成也者，金聲玉辰（振）之也。唯金聲〔而玉

305 振之者〕，然笱（後）忌（己）仁而以人仁，忌（己）義而以人義。大成至矣，神耳矣！人以爲弗可爲□，

306 麻（靡）繇（由）至焉耳，而不然。“能誰（進）之，爲君子，弗能進，各止於亓（其）里。”能進端，能終端，

307 則爲君子耳矣。弗〔能〕進，各各止於亓（其）里。不莊（藏）尤割（害）人，仁之理也；不受許（吁）䟕（嗟）者，

308 義之理也。弗能進也，則各止於亓（其）里耳矣。終亓（其）不莊（藏）尤割（害）人之心，而仁腹（覆）四海；

309 終亓（其）不受許（吁）䟕（嗟）之心，而義襄（讓）天下。仁腹（覆）四海，義襄（讓）天下而成，繇（由）亓（其）中心行之，

310 亦君子已！“大而炭〔者〕，能有取焉。”大而炭也者，言義也，能有取焉也者，能行〔之也。“小〕

311 而軫者，能有取焉。”小而軫者，言仁也；能有取焉者也，能行之也。“衡盧盧達〔於

312 君子道，謂之賢〕。”衡盧盧也者，言亓（其）達於君子道也。能仁義而遂達於〔君子道〕，

313 胃（謂）之賢也。“君子知而舉之，胃

（謂）之尊賢。”君子知而舉之也者，猶堯之舉舜□，□

314 之舉伊尹也。舉之也者，成舉之也。知而弗舉，未可胃（謂）尊賢。“君子從而士（事）之”也〔者〕，

315 猶顏子、子路之士（事）孔子也。士（事）之者，成士（事）之也。知而弗士（事），未可胃（謂）尊賢也。“前，王公之尊

316 賢者也。後，士之尊賢者也。”直之也。

317 ●“耳目鼻口手足六者，心之役也”，耳目也者，説（悦）聲色者也；鼻口者，説（悦）犨（臭）味者也；手足

318 者，説（悦）勶餘者也。〔心〕也者，説（悦）仁義者也。之（此）數膿（體）者皆有説（悦）也，而六者爲心役，何□？

319 曰：心貴也。有天下之美聲色於此，不義則不聽弗視也。有天下之美犨（臭）味於〔此〕，

320 不義則弗求弗食也。居而不閒尊長者，不

義則弗爲之矣。何居？曰：幾不〔勝〕

321 □□,〔小〕不勝大，賤不勝貴也才（哉）！故曰心之役也。耳目鼻口手足六者，人□□,〔人〕

322 膿（體）之小者也。心，人□□，人膿（體）之大者也，故曰君也。“心曰雖（唯），莫敢不雖（唯）”，心曰雖（唯），〔耳目〕

323 鼻口手足音聲貇（貌）色皆雖（唯），是莫敢不雖（唯）也。若（諾）亦然，進亦然，退亦然。“心曰深，〔莫〕

324 敢不深；心曰淺，莫敢不淺”，深者，甚也。淺者，不甚也。深淺有道矣。故父諄（呼），口〔含〕

325 食則堵（吐）之，手執〔業〕則投〔之〕，雖（唯）而不若（諾），走而不趨，是莫敢不深也。於兄則不如

326 是亓（其）甚也，是莫敢不淺也。“和則同”，和也者，小膿（體）變變然不圍（患）於心也，和於仁義。仁義，心。

327 同者，與心若一也，□□約也，同於仁。仁義，心也，同則善耳。

328 ●“目而知之，胃（謂）之進之”，弗目也，目則知之矣，知之則進耳。目之也者，比之也。“天監〔在〕

329 下，有命既雜”者也，天之監下也，雜命焉耳。遁（循）草木之生（性）則有生焉，而无

330 〔好惡。遁（循）〕禽獸之生（性），則有好惡焉，而无禮義焉。遁（循）人之生（性），則巍然□□□

331 仁義也。不遁（循）亓（其）所以受命也，遁（循）之則得之矣，是目之已。故目萬物之生（性）而□□

332 獨有仁義也，進耳。“文王在上，於昭於天”，此之胃（謂）也。文王源耳目之生（性）而知亓（其）〔好〕

333 聲色也，源鼻口之生（性）而知亓（其）好犫（臭）味也，源手足之生（性）而知

亓（其）好𡙇餘也，源〔心〕
334 之生（性）則巍然知亓（其）好仁義也。故執之而弗失，親之而弗離，故卓然見於天，箸（著）於
335 天下，无它（他）焉，目也，故目人體（體）而知亓（其）莫貴於仁義也，進耳。
336 ●“辟（譬）而知之，胃（謂）之進之。”弗辟（譬）也，辟（譬）則知之矣，知之則進耳。辟（譬）丘之與山也，丘之所以不□
337 名山者，不責（積）也。舜有仁，我亦有仁，而不如舜之仁，不責（積）也。舜有義，而我〔亦有
338 義〕，而不如舜之義，不責（積）也。辟（譬）比之而知吾所以不如舜，進耳。●“榆（諭）而知之，胃（謂）之進之。”
339 弗榆（諭）也，榆（諭）則知之〔矣〕，知之則進耳。榆（諭）之也者，自所小好榆（諭）虖（乎）所大好。“茭（窈）芍（窕）

〔淑女，唔（寤）〕

340 眛（寐）求之。”思色也。“求之弗得，唔（寤）眛（寐）思伏（服）。”言亓（其）急也。“繇（悠）哉繇（悠）哉，婘（輾）槫（轉）反廁（側）。”言亓（其）甚□□。□

341 如此亓（其）甚也，交諸父母之廁（側），爲諸？則有死弗爲之矣。交諸兄弟之廁（側），亦弗爲也。交〔諸〕

342 邦人之廁（側），亦弗爲也。〔畏〕父兄，亓（其）殺畏人，禮也。繇（由）色榆（諭）於禮，進耳。

343 ●“鐖（幾）而知之，天也。”鐖（幾）也者，齎數也。唯有天德者，然笱（後）鐖（幾）而知之。“上帝臨女（汝），毋潰（貳）

344 璽（爾）心。”上帝臨女（汝），□鐖（幾）之也；毋潰（貳）璽（爾）心，俱鐖（幾）之也。

345 ●“天生諸亓（其）人，天也。”天生諸亓

（其）人也者，如文王者也。“亓（其）人它（施）者（諸）人”也者，如文王之它（施）者（諸）弘夭、散

346 宜生也。“亓（其）人它（施）者（諸）人，不得亓（其）人，不爲法。”言所它（施）之者，不得如散宜生、閎夭者也，則弗〔爲法〕

347 矣。“聞君子道而説（悦）者，好仁者也。”道也者，天道也。言好仁者之聞君子道而以之其

348 仁也，故能説（悦）也。説（悦）者，刑（形）也。“聞君子道而威（畏），好義者也。”好義〔者〕之聞君子道而以之其〔義也〕，

349 故能威（畏）也。威（畏）者，刑（形）也。“聞道而共（恭），好禮者也。”言好禮者之聞君子道而以之其禮

350 也，故能共（恭）。共（恭）者，刑（形）也。“聞道而樂，有悳（德）者也。”道也者，天道也，言好德者之聞君子

351　道而以夫五也爲一也，故能樂〔也〕。樂者，和〔也〕。和者，悳（德）也。

主要參考文獻

專著

1. 馬王堆帛書整理小組：馬王堆漢墓帛書（壹）（綫裝本），北京：文物出版社，1974年。

2. 馬王堆帛書整理小組：馬王堆漢墓帛書（壹）（綫裝本），北京：文物出版社，1975年。

3. 國家文物局古文獻研究室：馬王堆漢墓帛書（壹），北京：文物出版社，1980年。

4. 龐樸：帛書五行篇研究，濟南：齊魯書社，1980年。

5. 任繼愈主編：中國哲學發展史（先秦），北京：人民出版社，1983年。

6. 魏啓鵬：《德行》校釋，成都：巴蜀書社，1991年。

7. [日]池田知久：馬王堆漢墓帛書五行研究，東京：汲古書院，1993年；[日]池田知久著，王啓發譯：馬王堆漢墓帛書五行研究，北京：綫裝書局、中國社會科學出版社，2005年。

8. 李學勤：簡帛佚籍與學術史，臺北：時報文化出版公司，1994年；江蘇教育出版社，2001年。

9. 荊門市博物館：郭店楚墓竹簡，北京：文物出版社，1998年。

10. 龐樸：竹帛《五行》篇校注及研究，臺北：萬卷樓圖書有限公司，2000年。

11. 魏啟鵬：簡帛《五行》校箋，臺北：萬卷樓圖書有限公司，2000年。

12. 劉信芳：簡帛五行解詁，臺北：藝文印書館，2000年。

13. 郭沂：郭店竹簡與先秦學術思想，上海：上海教育出版社，2001年。

14. 陳偉：郭店竹書別釋，武漢：湖北教育出版社，2002年。

15. 劉釗：郭店楚簡校釋，福州：福建人民出版社，2003年。

16. 廖名春：出土簡帛叢考，武漢：湖北教育出版社，2004年。

17. 魏啟鵬：簡帛文獻《五行》箋證，北京:中華書局，2005年。

18. 梁濤：郭店竹簡與思孟學派，北京：中國人民大學出版社，2008年。

19. 陳來：竹帛《五行》與簡帛研究，北京：生活·讀書·新知三聯書店，2009年。

20. 武漢大學簡帛研究中心、荊門市博物館：楚地出土戰國簡冊合集（一）郭店楚墓竹書，北京：文物出版社，2011年。

21. 王中江：簡帛文明與古代思想世界，北京：北京大學出版社，2011年。

22. 陳來：竹簡《五行》篇講稿，北京：生活·讀書·新知三聯書店，2012年。

論文

1. 韓仲民：長沙馬王堆漢墓帛書概述，《文物》

1974年第9期。

2. [日]島森哲男：馬王堆出土儒家古佚書考，《東方學》第五十六輯，1978年7月。

3. [日]島森哲男：慎獨的思想，《文化》第四十二卷第三、四號，1979年3月。

4. 龐樸：馬王堆帛書解開了思孟五行説之謎，《文物》1979年第10期；《馬王堆漢墓研究》，長沙：湖南人民出版社，1981年。

5. 李耀仙：子思孟子五行説考辨，《抖擻》第四十五期，1981年。

6. [日]影山輝國：思孟五行説——其多種解釋和龐樸説，東京大學《人文科學紀要》(國文學·漢文學)第八十一輯，1985年3月。

7. [日]淺野裕一：帛書《五行篇》的思想史地位，《島根大學教育學部紀要》(人文·社會科學)第十九卷，1985年12月。

8. 李學勤：帛書《五行》與《尚書·洪範》，《學術月刊》1986年第11期；《簡帛佚籍與學術史》，臺北：時報出版公司，1994年。

9. 龐樸:《五行篇》評述,《文史哲》1988年第2期。

10. 魏啓鵬:思孟五行説的再思考,《四川大學學報》1988年第4期。

11. 李學勤:新發現簡帛與漢初學術史的若干問題,《煙臺大學學報》1988年第1期。

12. [日]池田知久:馬王堆漢墓出土老子甲本卷後古佚書五行篇譯注(1),二松學舍大學論集32號,1989年。

13. [日]池田知久:馬王堆漢墓出土老子甲本卷後古佚書五行篇譯注(2),二松學舍大學論集33號,1990年。

14. [日]池田知久:馬王堆漢墓出土老子甲本卷後古佚書五行篇譯注(3),二松學舍大學論集34號,1991年。

15. 黄俊傑:孟子後學對心身關繫的看法——以馬王堆漢墓帛書《五行篇》爲中心,《清華學報》第二十卷第1期,1990年6月。

16. 黄俊傑:荀子非孟的思想史背景——論《思孟五行説》的思想内涵,《臺灣大學歷史繫學報》第十五期，1990年12月。

17. 楊儒賓：德之行與德之氣——帛書《五行篇》《德聖篇》論道德、心性與形體的關繫，鍾彩鈞主編：《中國文哲研究的回顧與展望論文集》，臺北：臺灣研究院中國文哲研究所，1992年。

18. [日]池田知久：馬王堆漢墓帛書《五行篇》所見的身心問題，《道家文化研究》第3輯，1993年；《馬王堆漢墓研究文集》，長沙：湖南出版社1994年；《池田知久簡帛研究論集》，北京：中華書局，2006年。

19. 廖名春：思孟五行説新解，《哲學研究》1994年第11期。

20. 盧瑞容：馬王堆帛書《五行篇》中“義”與“德”的涵義探討，《大陸雜志》第八十五卷第五期。

21. 汪義麗：論帛書《五行篇》中“心”與“氣”的關繫，《孔孟學報》第七十一期，1996年。

22. 鄭良樹：《荀子·非十二子》“子思·孟軻”條非附益辨，《故宮學術季刊》第十五卷第1期，1996年。

23. 張顯成：“集大成”與“金聲而玉振之”訓釋補正——帛書研究札記，《古籍整理研究學刊》1996

年第2期。

24. 李景林：思孟五行説與思孟學派，《吉林大學學報》1997年第1期。

25. [日]齋木哲朗：長沙馬王堆漢墓出土《帛書五行篇》新解，《中國出土資料研究》第2號，東京大學文學部，1998年；李學勤、謝桂華主編：《簡帛研究2001》，桂林：廣西師範大學出版社，2001年。

26. 王博：帛書《五行》與先秦儒家《詩》學，《郭店老子國際研討會論文集》，美國達慕思大學，1998年5月。

27. [日]池田知久：荊門市博物館《郭店楚墓竹簡》筆記（《五行》），《郭店老子國際學術研討會論文集》，美國達慕斯大學，1998年5月。

28. 廖名春：郭店楚簡儒家著作考，《孔子研究》1998年第3期。

29. 李學勤：從簡帛佚籍《五行》談到《大學》，《孔子研究》1998年第3期。

30. 李學勤：郭店楚簡中的《子思子》，《文物天地》1998年第3期。

31. 姜廣輝：郭店楚簡與《子思子》,《哲學研究》1998年第7期。

32. 邢文：郭店楚簡《五行》試論,《文物》1998年第10期。

33. 劉信芳：郭店楚簡文字考釋拾遺，紀念徐中舒先生誕辰一百周年暨國際漢語古文字學研討會論文，四川大學，1998年;《江漢考古》2000年第1期。

34. 龐樸：竹帛五行篇與思孟五行說，本世記出土文獻與中國古典哲學研究兩岸學術研討會論文，臺北輔仁大學，1999年元月;《哲學與文化》26卷5期;《中國哲學的詮釋與發展——張岱年先生九十壽慶論文集》上冊，北京：北京大學出版社，1999年。

35. 龐樸：另有一種五行,《尋根》1999年第4期。

36. 宋啓發：從《論語》到《五行》，孔子與子思的幾點思想比較,《安徽大學學報》1999年第5期。

37. 陳麗桂：從郭店竹簡《五行》檢視帛書《五行》說文對經文的依違情況，本世紀出土思想文獻與中國古典哲學研究兩岸學術研討會論文，臺北：輔仁大學，1999年1月;《哲學與文化》26卷5期。

38. 潘小慧:《五行篇》的人學初探，本世紀出土思想文獻與中國古典哲學研究兩岸學術研討會論文，臺北：輔仁大學,1999年元月;《哲學與文化》26卷5期。

39. 郭梨華：簡帛《五行篇》中的禮樂考述，本世紀出土思想文獻與中國古典哲學研究兩岸學術研討會論文，臺北：輔仁大學，1999年元月;《哲學與文化》26卷5期。

40. 郭梨華：竹簡《五行》的“五行”研究，郭店楚簡國際學術研討會論文，武漢大學,1999年10月;武漢大學中國文化研究院編:《郭店楚簡國際學術研討會論文集》，武漢：湖北人民出版社，2000年。

41. [日]池田知久：郭店楚墓竹簡“五行”譯注，東京大學郭店楚簡研究會編:《郭店楚簡思想史的研究》第一卷，東京大學文學部中國思想文化學研究室，1999年。

42. 郭梨華:“德之行”與“行”的哲學意義，第一屆簡帛學術研討會論文，臺北：中國文化大學史學繫，1999年12月;《第一屆簡帛學術討論會論文集》，臺北：中國文化大學史學繫，2003年；楚文化研究會編:《楚文化研究論集》第六集，武漢：湖北教育出版社，2005年。

43. 張建群：簡、帛《五行》篇中“心”作用概探,《孔孟月刊》第三十七卷第九期，1999年5月。

44. 劉國勝：郭店竹簡釋字八則,《武漢大學學報》1999年第5期。

45. 饒宗頤：從郭店楚簡談古代樂教，郭店楚簡國際學術研討會，武漢大學，1999年10月；武漢大學中國文化研究院編:《郭店楚簡國際學術研討會論文集》，武漢：湖北人民出版社，2000年。

46. 丁四新：郭店楚墓竹簡思想研究，第三章《簡帛〈五行〉經説研究》，武漢大學哲學繫博士學位論文，1999年。

47. 丁四新：略論郭店楚簡《五行》思想,《孔子研究》2000年第3期。

48. [日]穀中信一：關於《郭店楚簡·五行篇》36號簡背面所寫的“解”字,《國際簡帛研究通訊》第3期，2000年4月。

49. 梁濤：郭店竹簡與“君子慎獨”,《清華簡帛研究》第一輯，2000年8月；《光明日報》2000年9月15日；龐樸主編：《古墓新知》，臺北：臺灣古籍出版有限公司，2002年。

50. 錢遜：是誰誤解了“慎獨”，《清華簡帛研究》第一輯，2000年8月。

51. 劉信芳：釋《五行》與《繫辭》之型，《周易研究》2000年第4期；龐樸主編：《郭店楚簡與早期儒學》，臺北：臺灣古籍出版有限公司，2002年。

52. 徐少華：楚簡與帛書《五行》篇若干問題探析，第一屆古文字與出土文獻學術研討會，臺北：歷史語言研究所，2000年11月。

53. 劉信芳：“金聲玉振之”及其相關問題，《古籍整理研究學刊》2001年第1期；《中國文字研究》第二輯，南寧：廣西教育出版社，2001年。

54. 劉信芳：簡帛《五行》述略，《江漢考古》2001年第1期。

55. 袁慶述：帛書《五行》所引《燕燕》詩爲《魯》《齊》詩考，《中國文學研究》2001年第1期。

56. 劉信芳：簡帛《五行》慎獨及其相關問題，

《湖北師範學院學報》2001年第2期；龐樸主編：《古墓新知》，臺北：臺灣古籍出版有限公司，2002年。

57. 梁濤：荀子對思孟“五行”説的批判，《中國文化研究》2001年夏之卷。

58. 徐少華：楚簡與帛書《五行》篇章結構及其相關問題，《中國哲學史》2001年第3期。

59. 郭齊勇：再論“五行”與“聖智”，《中國哲學史》2001年第3期；丁四新主編：《楚地出土簡帛文獻思想研究（一）》，武漢：湖北教育出版社，2002年。

60. 廖名春：郭店楚簡《五行》篇校釋札記，《中國哲學史》2001年第3期；廖名春：《出土簡帛叢考》，武漢：湖北教育出版社，2004年。

61. 黄熹：儒學形而上繫統的最初建構——《五行》所展示的儒學形而上體繫，《中國哲學史》2001年第3期。

62. 魏啓鵬：簡帛《五行》直承孔子詩學：讀《楚竹書·孔子詩論》札記，《中華文化論壇》2002年第2期。

63. 張涅：五行説由經驗性認識向先驗信念的異

變,《中國哲學史》2002年第2期。

64. 梁濤：簡帛《五行》新探——兼論《五行》在思想史的地位，龐樸主編:《古墓新知》，臺北：臺灣古籍出版有限公司，2002年;《孔子研究》2002年第5期;《中國社會科學歷史研究所學刊》第二輯，北京：社會科學文獻出版社，2002年。

65. 曾馨誼：簡帛《五行》篇研究，臺灣大學中國文學研究所碩士學位論文，2002年6月。

66. 陳奕瑄：郭店楚簡五行研究，臺灣彰化師範大學國文研究所碩士學位論文，2002年10月。

67. 詹群慧：試論楚簡《五行》篇的“德之行”,《管子學刊》2003年第1期。

68. 田文軍、李富春：帛簡《五行》篇與原始“五行”説,《武漢大學學報》2003年第1期。

69. 陳勝長、陳雄根：“解蔽”新義——由楚簡《五行》之啓迪重新考察思孟學派與荀子之關繫，第四屆國際中國古文字學研討會，香港中文大學，2003年10月。

70. 蘇建洲：郭店楚墓竹簡《五行》初探,《語文學報》2003年第10期。

71. 李景林：帛書《五行》慎獨説小議,《人文雜誌》2003年第6期。

72. 王博：論“仁內義外”,《中國哲學史》2004年第2期。

73. 陳戰峰：郭店楚簡《五行》篇結構探析,《西北大學學報》2004年第2期。

74. 王佳靖：簡帛《五行》校讀，華東師範大學漢語言文字學碩士學位論文，2004年。

75. 廖名春：“慎獨”本義新證,《學術月刊》2004年8期。

76. 鮑青燕:《孟子》與思孟五行説,《武漢理工大學學報》2005年第5期。

77. 鄧球柏：德與善的探索——郭店楚墓竹簡《五行》新説,《長沙大學學報》2005年第5期。

78. 李鋭：仁義禮智聖五行的思想淵源,《齊魯學刊》2005年第6期；李鋭:《新出簡帛的學術探索》，北京：北京師範大學出版社，2010年。

79. 高峰：從《洪範》“五行”到“五德終

始”——一個經學問題的哲學考察,《湖南科技學院學報》2005年第9期。

80. 張衛紅：論楚簡《五行》成德進路的“體知”維度,《北京師範大學學報》2006年第2期。

81. [美]Roger T. Ames（安樂哲）：Acting upon the Five Acquired Habits: “Human Beings” or “Human Becomings”？“五德之行”：探究“人”有無本質性的問題，武漢大學中國傳統文化研究中心等:《新出楚簡國際學術研討會會議論文集》，2006年6月。

82. 陳來：竹帛《五行》篇爲子思、孟子所作論，武漢大學中國傳統文化研究中心等:《新出楚簡國際學術研討會會議論文集》，2006年6月；竹帛《五行》篇爲子思、孟子所作論——兼論郭店楚簡《五行》篇出土的歷史意義,《孔子研究》2007年第1期；郭齊勇主編:《儒家文化研究》第一輯，北京：生活·讀書·新知三聯書店，2007年；陳來:《竹帛〈五行〉與簡帛研究》，北京：生活·讀書·新知三聯書店，2009年。

83. [美]Kenneth W. Holloway（郝樂爲）:《五行》

篇的宗教觀，武漢大學中國傳統文化研究中心等：《新出楚簡國際學術研討會會議論文集》，2006年6月。

84. 王書強：略論“五德之行”，武漢大學中國傳統文化研究中心等：《新出楚簡國際學術研討會會議論文集》，2006年6月。

85. 曹峰：“色”與“禮”的關繫——《孔子詩論》、馬王堆帛書《五行》《孟子·告子下》之比較，《孔子研究》2006年第6期。

86. [韓]金秉駿：郭店楚簡《五行》篇中的“聖”和“樂”，《清華大學學報》2006年第6期。

87. 王威威：竹簡《五行》與《孟子》詩學之比較——兼論思孟學派的問題，《華北電力大學學報》2007年第1期。

88. 陳來：竹簡《五行》章句簡注，《孔子研究》2007年第3期；陳來：《竹帛〈五行〉與簡帛研究》，北京：生活·讀書·新知三聯書店，2009年。

89. 李銳：古代中西方的“學派”觀念比較——兼論“思孟學派”的問題，《中國哲學史》2007年第4期。

90. 陳來：“慎獨”與帛書《五行》思想，《中國哲學史》2008年第1期。

91. 高立梅：子思學派仁義内外説辨析——以《中庸》《五行》篇爲中心，《人文雜誌》2008年第2期。

92. 張豐乾：竹帛《五行》與傳世文獻新探，《社會科學戰綫》2008年第8期。

93. 常森：簡帛《五行》篇與孟子之學，《中國典籍與文化》2009年第3期。

94. 常森：論簡帛《五行》與《詩經》學之關繫，《文學遺產》2009年第6期。

95. 謝耀亭：耳目與聖智——出土材料所見的思想傳統，《孔子研究》2010年第6期。

96. Kenneth W. Holloway（郝樂爲）：Truths and Higher Truths in "Xing zi ming chu"，"機遇與挑戰：思想史視野下的出土文獻研究"國際學術研討會論文，中國人民大學，2011年10月。

97. 李晨陽：《五行篇》關於德性和諧的思想，"機遇與挑戰：思想史視野下的出土文獻研究"國際學術研討會論文，中國人民大學，2011年10月。

索　引

後　記

我讀帛書《五行》始於1989年，很長時間理不清頭緒，曾私下對朋友説：《五行》話語重復，不像學者説得那般好。其實是自己讀不懂，還要亂説一氣。

1998年郭店簡《五行》公佈以後，學術界對《五行》的討論走向深入，促使我將主要精力集中於《五行》研究。十餘年來我所做《五行》資料長編已經能派上用場，於是重新做出釋文、注釋，分類整理平日所作札記，草就一組文章。

2000年8月北京大學召開新出簡帛國際學術研討會，經邢文先生安排，我在大會以《“仁覆四海，义襄天下”与儒家仁义观》爲題做發言，會上會後有幾位學者向我索取發言稿。雖説該文發表後極少有相關引用與評價，但在當時能有學者願意讀我的文章，這對於走在前進路上的未名學者已經是很大鼓勵了。

2000年12月，拙稿《簡帛五行解詁》由臺北藝文印書館出版。茲後陸續發表《釋〈五行〉與〈繫辭〉之型》(《周易研究》2000年第4期)、《簡帛五行述略》(《江漢考古》2001年第1期)、《金聲玉振之及其相關問題》(《古籍整理研究學刊》2001年第1期)、《簡帛〈五行〉仁義禮知聖研究》(《國際儒學研究》第11輯，國際文化出版公司，2001年3月)、《簡帛〈五行〉慎獨及其相關問題》(《湖北師範學院學報》2001年第2期)、《簡帛五行認識論術語試解四則》(《簡帛語言文字研究》第一輯，巴蜀書社，2002年11月)等繫列文章。

我在以上文章中對《五行》做出了認識學説解讀，很快就有學者提出否定性意見，請參見本書緒論。我知道在哲學研究這一領域，提出批評意見的郭齊勇先生是行家，而我則是業餘的。談到哲學的問題我不能自信，但對於《五行》“仁型於内謂之悳之行，不型於内謂之行”的基本釋讀，相當一部分學者的理解有問題，對此我有足夠的信心。

2002年11月經丁原植先生發起，荊門市博物館組織了一次郭店楚簡研究的小型工作會議。會上我就《五行》認識學説做發言，但不受待見。此後修訂成文試投期刊，得不到回音；再修訂，再試投，石沉大海；再三再四，亦然是“單相思”。

2012年我已到退休年齡，很想將我於《五行》方面所做的工作形成專著出版，於是以“簡帛《五行》研究”爲題申請國家社科基金後期資助項目，未獲批准。繼又於2013年申請教育部哲學社會科學研究後期資助項目，在申請書中我對已有《五行》研究專著以及十餘年來所做後續工作諸事項做了如實説明，得以被批准立項（批准號13JHQ024）。

立項本身説明有評審專家認可我所做的工作，這是對我的鞭策。於是將舊稿重新整理爲《簡帛〈五行〉核心内容及思想性质》，希望能在結項之前發表。文章試投，我所遇到的仍然是屢投不中。

2014年2月改投《學術界》，5月咨詢，尚未有結果。雖説我當過期刊編輯，明白文章投稿不中是正常現象，但結項有時間約定，若實在不能發表則只能在自己的專著中編入自己的文章，從而失去參與期刊討論的機會，這是我不願看到的。有如習武者有華山論劍，弈棋者有手談，玩蟋蟀者有鬥蛐蛐，在期刊發表文章是讀書人的玩儿法，我得努力爭取。走投無路的情況下，我致電《學術界》主編袁玉立先生，得到面談機會。初試不合格，袁先生直言我的文章内容以及口頭陳述不能説服他。於是經再次聯繫而有復試，我向袁先生提供了《五行》研究的相關資料，做了30分鐘陳述，到了約定的時間，起身告辭。袁先生説："不受時間限制。"在我回答袁先生提出的所有問題後，袁先生終於同意在《學術界》2014年第6期刊發拙稿。

《簡帛〈五行〉核心内容及思想性質》一文包含了我讀《五行》的主要看法，從初稿形成到最終發表，歷經坎坷，於是有以下補記：

> 筆者在看拙稿校樣時，讀到陳來新著《竹簡〈五行〉篇講稿》，陳氏云："不形於内的有四行，它的和諧構成了善。"（北京：生活・讀書・新知

三聯書店，2012年，第16頁）信芳按：仁、義、禮、知不型於内之行與“善”完全沒有關繫。筆者由此認識到研究《五行》的部分學者對錯誤釋讀的執著與堅持，有必要鄭重感謝《學術界》雜誌社給了拙稿就教於學術界的機會。

其實所謂“錯誤釋讀”云云，我説的不能算數。我本人看好的自作，學術界不一定認可。學術研究的評價不是自評，是他評，而且需要經過時間沉澱的淘汰過程纔能達成共識。自己所能做的，只能是盡自己的力量積極參與《五行》研究的討論，然後告誡自己，先師有云：“不患人之不己知，患不知人也。”

本項目研究得到王子今先生、卜憲群先生鼓勵與支持。

耑此鳴謝。

劉信芳識於2015年8月9日

安徽大學鵝池寓所